최난경 시집

사람의 가슴엔 바다가 산다

가슴에 내리는 시 114

사람의 가슴엔 바다가 산다

지은이 최난경
펴낸이 최명자

펴낸곳 책펴냄열린시
주소 (48932)부산광역시 중구 동광길 11, 203호
전화 010-4212-3648
출판등록번호 제1999-000002호
출판등록일 1991년 2월 4일

인쇄일 2022년 10월 17일
발행일 2022년 10월 20일

ⓒ최난경, 2022, Busan Korea
값 12,000원

ISBN 979-11-88048-66-3 03810

• 저자와 협의하여 인지를 붙이지 않습니다.
• 잘 못된 책은 바꿔 드립니다.
• 이 책의 내용 중 일부 또는 전부를 저자 및 출판사의 동의없이 사용하지 못합니다.

• 본 도서는 한국예술인복지재단의 2022년 신진예술인창작준비금을 지원받아 제작되었습니다.

□시인의 말

힘들고 외로울 때마다 숨어든 다락방이었던 글이
어느새 자라 내 손을 잡고 문 밖으로 이끈다.
그저 따라가 보기로 한다.

아득했던 꿈
놓지 않으니 여기까지 왔다.

내 시 어느 한 구절이라도
당신 가슴에 닿아
잔잔하게 일렁일 수 있다면
참 많이 행복할 것 같다.

2022년 가을
최난경

시인의 말…3
목차…4

제 1 부/ 푸른 혈관의 노래

담쟁이…10
가을이 물었다…11
매듭…12
지나가는 사람…14
달력…16
그래서 그렇다…17
어느 가로등의 일기…18
바닥…20
스마트폰과의 동거…22
외로운 풍경화…23
부부…24
시절인연…25
집으로 가는 길…26
코로나19, 그리고 우리는…28
이어폰…30
어느 새…31
웨딩드레스…32
퇴근길…34
칼…36

제 2 부 / 그렇게 가을이 왔다

씨앗…38
병원 일기 1 -엑스레이를 보며…39
병원 일기 2 -틀니를 닦다…40
병원 일기 3 -장마…41
독거…43
가면 속에서…44
달팽이…46
가장 낮은 포옹…48
폐선역…49
망백왕탑…50
광부…52
바다로 간 나비…54
마네킹…56
빛을 건지다…58
앵무새를 읽다…60
여덟 살 아리안…62
하늘 청소부…64
병원 일기 4 -섬망…66
병원 일기 5 -그렇게 가을이 왔다…68
병원 일기 6 -굽은 나무…70
철쭉의 외출…72

제 3 부 / 잊혀진 섬들을 위하여

성형외과에 간 우체통…74

김밥…76

벚꽃 지다…77

고등어…78

가을 돌솥밥 만들기…80

노란 보살…81

겨울로 가는 떡갈나무…82

낙엽의 보행…84

걸레…86

동백꽃…87

보수동 책방골목…88

싱크홀…90

등대…92

뿔난 감자…93

겨울산…94

종이의 성격…96

격리…98

극락암에서…100

제 4 부/ 나에게 가는 길

어둠을 만지다⋯102
기도법⋯104
가장 심한 욕⋯106
착각⋯108
파도⋯110
삭제된 얼굴⋯111
기차⋯112
불면증⋯114
고백-나의 선생님께⋯115
파도에 물들다⋯116
가을 산책⋯118
아버지⋯119
슬픔 처방법⋯120
이름을 벗다⋯122
from. 당신의 사람⋯123
나에게 가는 길⋯124

□발문/낮은 도시를 포옹하는 바다·강영환⋯126

제 1 부
푸른 혈관의 노래

담쟁이

언젠가 내가
앞을 막은 벽에 고개 떨구며
들풀처럼 퍼지는 두려움으로 돌아섰을 때
누군가는 소리 없이
한 발자국씩 내딛어
벽을 올랐다

떨어지지 않으려
온 힘 다해 움켜쥔 발가락
마디 깊이 박힌 티눈들을 견디며
하늘로 향하는 수직의 길
담쟁이는 묵묵히 걸어
실핏줄 이어진 마른 벽 덮고
싱그러운 정원을 수놓았다

차가운 바람 껴안으며 뻗어가는
푸른 혈관의 노래
그것은 외침,
벽도 기어오르면 길이 된다고

가을이 물었다

단풍잎에게
너 참 예쁘다 했더니
너는 얼마나 곱게
물들고 있느냐 물었다

낙엽에게
너 참 눈물겹다 했더니
너는 얼마나 후회 없이
부서질 준비가 되었느냐 물었다

가을에게
너 참 대견하다 했더니
너는 얼마나 단단히
열매 맺고 있느냐 물었다

가을이 물었다
단풍빛 피멍이 들도록
꽈악
깨물었다

매듭

입술에서 나온 칼날에 베인
가슴 상처를 안고
바람이 잠들 때까지
우두커니 서있었다

마침표로 사라져 가는 등을 보며
뒷모습에도 표정이 있다는 걸 알게 된 그 밤
하지 못한 말들이 가슴에 맴돌다
등 돌린 발자국 위에 내려앉았다

어둠처럼 쌓여간 발자국들
반짝이며 말을 건네던 별은
끝내 풀지 못한 상처였다

시계 속을 거꾸로 걸어가면
작은 꼬임 하나 없이 이어져있던
그때의 우리와 만날 수 있을까

시린 별들이 수북이 쌓인 밤하늘

〈
풀려고 할수록 더 단단히 엉켜 멍울지던
손때 묻은 별 하나

숱한 그림자들 뒤로 흘러간 매듭들이
하늘에 여린 빛으로 숨 쉬고 있어
나는 가끔
길 위에 홀로 선다

지나가는 사람

대학병원 엘리베이터 안
한 여자가 울고 있다
휴대폰을 누르고 신호가 가고 누군가에게
조금 전 아버지가 돌아가셨다고 전한다
말과 함께 쏟아져 나온 눈물이 엘리베이터에 출렁인다
전염성 강한 눈물을 흘려 놓은 그녀는 1층에 내려
촛불처럼 흔들리며 가고
모르는 이가 채색한 눈물에 젖은 나는 눈가를 만지며
햇살 눈치 없이 쏟아지는 창밖을 본다

한 사람이 지나가는 소리
들어도 들어도 익숙해지지 않는 소리
병원에서 맹골수도에서 지하철에서 건설현장에서
누군가 지나간 자리
아물지 않은 자리에서 아무렇지 않게 숨 쉬며
나 또한 지나가는 중이다

'코드블루'를 알리는 병원 안내방송이

〈
지나가는 사람들 머리 위로 떠다니다 사라진다
발자국 깊이 남은 길에서 쉽게 잊고 잊히며
먼저 지나간 이가 쓰지 못한 시간을 걷고 있는
우리는 모두 지나가는 사람
저마다의 별로 흩어지는 한때 꽃잎이다

달력

날개 열두 장 가지고도
나는 법을 알지 못한다
바람 불면 수줍게 날갯짓 하다가
떠오르지 못하고 고개 떨구며
한 장씩 날개를 떼어낸다
더 가벼워지기 위해
날개에 빼곡하게 놓여진
서른 징검다리를 건너
다음 날개 속으로 스며든다
마지막 남은 날개 하나
나는 떠날 준비를 하고
일기장을 채우지 못한 너는 조급해진다
내가 떠난 후
퇴적된 날개더미 속에 숨겨진 불립문자
가슴으로 읽어낼 수 있다면
너는 나를 벗어나
흔들리지 않고 건널 수 있을 테지
새로 놓여 질 삼백예순다섯 징검다리

그래서 그렇다

사람의 가슴엔 바다가 산다

눈물이 짠 이유
그 사람 마음속 깊이를 알 수 없는 이유
부딪히면 푸른 멍이 드는 이유
가끔 허우적거리는 이유
기대어 울고 싶은 이유
문득 그리워지는 이유
그 이유

너와 나
가슴 속엔
언제나
바다가 산다

어느 가로등의 일기

힘없이 내게 걸어와
범람하는 슬픔을 참지 못해 들썩이던
어느 가장의 어깨를 보았던 밤
이유를 묻지는 않았다
그저 말없이 기댈 가슴만 내어 주었을 뿐

긴 시간은 아니었다
제 가슴을 찌르던 유리 파편들을 몇 줌 떨어뜨리고
다시 어둠 속으로 걸어간 남자
괜찮다 괜찮다 주문을 외며
깨물면 아픈 손가락들이 있는 그 곳으로

나도 가끔은 홀로 어둠을 지켜내야 하는
삶의 무게가 힘겨워 속으로 운다
흐느끼던 그가 내 그림자인 듯 아파서
떨어뜨리고 간 파편들을 껴안고
밤새 또 그렇게 울었다

별들이 윤슬처럼 빛나던 밤이었으나

〈
외발로 위태롭게 서서 울고 있던 나를
아무도 눈치 채지 못한 까만 밤이 지나고
어느새 푸른 새벽
지난 밤 서글펐던 조우를 알 리 없는 청소부는
내가 서 있는 자리를 무심히 쓸고 지나간다

그와 내가 흘린 눈물을 담아간다

바닥

1
방에 누워 천장을 바라본다
밤 11시, 벌써 한 시간째
윗층 아이는 내 천장을 노크한다
들어오라는 대답을 듣지 못한 아이는
온몸을 부딪쳐 노크한다
각진 표정으로 바라보는 저 경계는
천장도 아니고 바닥도 아닌
아픔일지 모른다는 생각에 새어나오는
설핏 웃음

2
내 천장을 노크하는 아이야
고요를 깨우는 네 바닥 아래서
네가 만나게 될 바닥을 떠올려본다
산다는 건 바닥과 바닥이 만나는 일이란다
바닥에서 벗어나는 제일 좋은 방법은
네 몸 가장 낮은 바닥으로
너를 허우적거리게 만든 바닥을 밟고 일어서

〈
무심히 걸어가는 거란다
발바닥으로 바닥을 짓누르며
한 걸음씩 또 하루를 살아내는 거지
굳은살 확인하며 가다보면
발바닥은 네가 걸어온 길을 닮아 있고
가리워진 길 하나둘 나타나 웃어 줄거야
있잖아,
다시 일어서기만 한다면
네가 만나게 될 모든 바닥은 아무리 깊어도
네 숨 쉬는 발바닥 아래에 있단다

스마트폰과의 동거

당신이 들려주는 노래로 여는 아침
내 손은 잠이 깨기도 전에 당신 몸을 더듬죠
당신을 만나기 전 나는
스킨십을 좋아하는 사람이 아니었어요
그대가 곁에 없으면 불안한걸 보니
당신에게 길들여졌나봐요
내가 어떤 음악을 좋아하는지
무엇에 관심을 가지는지
어떤 표정을 자주 짓는지
당신은 다 알고 있죠
낯선 도시도 당신과 함께라면 익숙한 동네가 되요
가족도 모르는 내 지문까지 기억하는
나를 가장 많이 알고 있는 당신
더 이상의 친구는 필요 없을 것 같아
잠드는 순간까지 당신이 궁금해요
가득했던 여백을 소모하고
당신이라는 우물에 빠져버린 나
나를 가둔 건 당신일까 나일까

외로운 풍경화

 현관문 틈새에 끼워진 전기요금 독촉장을 보다 지켜낼 온기가 없어 바닥에 웅크린 채 떨고 있는 이불을 보다 자꾸 길을 잃는 단칸방에서 벗어나려고 벽이 잠든 사이 조금씩 등을 떼고 있는 누런 벽지를 보다 선풍기도 없이 버틴 8월에 기력 잃어 겨울로 오지 못한 달력을 보다 컵라면에 물을 부으며 손톱 밑에 쌓인 까만 밥벌이의 흔적을 보다 빙점 언저리 냉장실을 지키는 노모가 보내온 김치통 그 안에서 추위를 이기고 하얀 꽃을 피워낸 김치의 뚝심을 보다 '돈 있어야 오래 산다…평균수명 6.6년 격차' 실소失笑를 약처럼 삼키며 지하철에서 주위온 신문 기사를 보다 못에 모델미 잡힌 채 늘어진 작업복을 보다 컵라면 뚜껑을 열자 김 사라진 자리에 남은 퍼진 하루를 보다 바람이 목울대 떨며 창 두드리는 모습을 보다 익숙한 밤, 방, 벽, 창은 왜 이름마저 외벌로 떠있는지 함께여도 채워지지 않는 허기를 보다

부부

현관에 놓인 빛바랜 검은 구두
처음 만났을 때
발에 맞지 않아 뒤꿈치 까이며 신었지만
서로가 서로에게 길들여졌을 때 우리는
비포장 길도 무섭지 않았다
꽃길이었다가 비가 스며들었다가
앞만 보고 걷다 돌부리에 걸린 날
땀내 나는 웃음으로 걸어
함께 써내려온 일기장
닳아버린 뒤축만큼 둥글게 채워져
헤지고 주름져도 버릴 수 없는
낡은 구두

시절인연

연락처 속에선 여전히 숨 쉬고 있지만
더 이상 안부를 묻지 않는 이름들

그때의 우린
함께 좋아하는 노래를 나눠 듣고
갑질 고객의 뒷담화를 하고
아이와 함께 놀러 갈 장소를 공유하고
같은 취미 속을 걸었죠

그래도 우리 슬퍼말아요
그때의 우리는 아름다웠고
지금의 우리도 빛이 나는 걸요

길을 걷다 우연히 마주치면
웃으며 서로의 안부를 물어요
그리고 잠시 함께 했던
그때의 우리를 떠올리는 것만으로
돌아선 풍경 속에는
봄이 깃들 거예요

집으로 가는 길

신기리 8블럭 19롯트 아파트 공사장
크레인 분주하게 움직이는 땅으로
퇴근길에 출근도장 찍으러 가는 갑두씨
공사장 입구에서 눈빛으로 집을 짓는다

종일 기계소리로 샤워를 하며 쌓아 올려도
파도를 이기지 못하던 모래성
주소변경 이력이 초본 두 장을 까맣게 물들이도록
모래성을 다시 지어야 했던 날들
언제나 세상의 속도보다 빠르게 달려와
재촉하던 전세기간 만료일
짐을 쌀 때마다 밀려들던 허기는
잔업과 철야근무로 채우며 살았다

한 번도 주인인 적 없었던 간이역을 벗어나
종착역을 만들고 싶었던 그녀
어둠이 등을 뗀 틈새로 빛이 스며들었다
청약통장으로 얻은 방 두 칸 17평 주공아파트
지친 하루를 등에 지고 가던 퇴근길이

〈
피아노 건반 위를 걷는 웃음으로 채워진다

막다른 골목 같던 길을 어루만지며
크레인이 스케치 중인 집으로 간다
다섯 식구 마지막 주소지가 되어도 좋다고
허공에 그려 넣는 그녀의 문패

코로나19, 그리고 우리는

그해 우리는
키가 자라는 어둠 속을 끝없이 걸었다
어둠이 도시를 덮어버린 뒤에 광장은
정오가 되어도 깨어나지 않았다

깊게 스며든 어둠으로 사라지는 이름에게
집 밖으로 나가 울어주지 못한 우리
울컥 차오르는 뜨거운 가슴을 숨기고
입과 눈은 서로를 외면해야 했다

격리된 발자국은 숨죽인 채
어둠이 어디까지 자라는지 지켜보며
각자의 섬에서 표류했다

실시간 주고받은 안부로 쌓은 블록이
하나둘 빠져나가다가
출구를 찾을 수 없어 다시 돌아오곤 했다

끝날 것 같지 않던 겨울을 밀어내며

〈

유난히 뽀얀 입술 내미는 매화에게
눈길 한 번 주는 것조차 사치인 것 같아 외면했던 그 때,
마스크 쓴 별들만 여린 입술을 안쓰럽게 바라보던
시린 밤이었다

이어폰

소리를 붙들고 있는 당신
나는 당신을 만족시킬 준비가 되었습니다
당신이 원하는 소리만 들려주겠습니다
외부의 소리를 차단합니다
당신이 만들고 싶은 벽을 세웁니다
볼륨을 높이면 완벽한 섬이 됩니다
나를 믿지 마세요
지금은 당신을 웃게 하지만
당신을 무너뜨릴 수 있습니다
충혈된 달팽이관을 빨리 눈치 채야 해요
나에게, 나 이전의 네모난 세상에게
당신은 길들여지고 있어요
나를 향한 짝사랑을 멈춰야 합니다
당신이 가둔 소리가 자라서
투명한 아픔으로 당신을 찌를지 몰라요
고개 들면 눈 맞추고 싶어 하는 입술이 있습니다
벚꽃잎 문 바람이 당신 곁을 맴돌고 있어요
이럴 때면 나를 잠시 잊어도 좋습니다
나는 잠시 게을러지겠습니다

어느 새

초록물감 터지는 나무 아래 있었는데
눈 떠보니 붉은 손 흔드는 단풍나무다
귀에 익은 새소리 들린다
아홉에서 영으로
나이 고개 하나 넘을 때면 찾아오는
어느새가 날아와 어깨에 앉는다

숱한 핑계로 버려진 약속에
발이 걸려 넘어지느라
아직 만날 준비가 되지 않았음을
알아주지 않는 새

도망가려다 새와 눈이 마주친다
부끄러워 먼저 눈을 피해버린 나
어깨를 흔들어 본다
어느새 한 마리
날아가지 않고 맴돈다
시간의 각질만 쫓고 있는
내 머리 위에서

웨딩드레스

어릴 적 몇 번인가 보았던 엄마의 결혼사진
흑백사진 속 신랑신부는 한복을 입고 있었다
엄마에게 웨딩드레스 한 번 입혀주고 싶었던
딸의 오랜 숙제

빈 터가 된 옆자리 몫까지 지켜내려
새벽부터 밤까지 멈추지 않던 부은 발
조각되어 잘려나간 시간들 속에 함께 녹여 보냈을
엄마의 검은 머리카락은 그림자가 없다

지문을 지워가며 키운 딸
웨딩촬영 하는 날
옆에서 구경만 하면 된다고 데려와
손사래 치는 엄마를 화장대 앞에 앉혔다

홀로 견뎌온 길들이 화석으로 쌓인 얼굴에
한낮에도 달빛을 내는 목련꽃 피고
눈물 닮은 큐빅 가득한 드레스가
옹이 박힌 몸을 감싸니

〈
눈 시리게 피어난 여인

낯선 모습을 마주한 입술이
오로라를 본 듯 떨렸고
여자였던 기억을 데려온 웨딩드레스는
엄마와 함께
서리꽃 되어 빛나고 있었다

퇴근길

바람이 내치는 대로 휘둘리는 제 그림자를 밟으며
사내가 걷고 있다
누군가 버린 과자봉지가 멍투성이로 뒹군다
겨울로 집 나온 개나리 한 송이 온몸 떨며 불안한 눈빛을 보낸다
헤드라이트 불빛들이 출렁이며 서 있는 교차로는 집이 없고
사내는 아득한 이자로 쌓아올린 집을 가졌다

낯익은 불빛들의 위로를 받으며 집으로 가는 길
얼마나 오랫동안 쳐다보고 있었는지
벌겋게 충혈된 눈으로 사내를 경계하는 신호등
불쑥 나타난 초록불 속 남자가 걸음을 허락하자
사내는 가라앉은 몸을 이끌고
지쳐 누워버린 하얀 사다리를 오른다
17 16 15 14……
걷고 있는 순간조차 숨을 재촉하는 냉정한 숫자의 점멸

〉
 길들여진 길 위에서 사내는 짧은 어둠 속에 갇힌다
 홀로 떠나 온 개나리는 어떤 이력을 가졌는지
 사다리 끝은 어디를 향하고 있는지 문득 궁금하다
 가보지 않은 길이 등 뒤에서 사내 이름을 부르곤 하지만
 경계에 갇힌 발은 또다시 익숙한 길 위에 선다
 사내는 여전히 표류하며 내일로 기운다

칼

며칠째 잘 들지 않던 칼을 벼리다가
슬프게 바라보는 눈과 마주쳤다
칼이 무뎌진다는 건 상처가 깊어진다는 것
도마와 부딪힐 때마다 실은 저도 베였던 것이다
더 이상 다른 가슴 아프게 하지 않겠다고
세웠던 손톱 제 가슴에 묻으며 몸으로 말하는 소리
못 들은 척 숫돌 위에 눕히는 건
다시 날카로워지라고 하는 고문인 것 같아
더 이상 칼의 상처를 갈 수 없었다

제 *2* 부
그렇게 가을이 왔다

씨앗

경화씨 은주씨 혜란씨 화순씨
봄바람 머금은 목소리로
이름 불러주면
모두 씨앗이 된다
어디에서도 싹틔운 적 없는
단 하나의 씨앗

걸음이 느려
어두운 땅 속에 오래 머물러도
발아하는 방법을 몰라
미로 속을 헤매어도
해바라기씨보다 환한 웃음으로
사과씨보다 달콤한 과육으로
꽃 피우고 열매 맺을 이름

사람은 누구나
한 톨 씨앗이다

병원 일기 1
―엑스레이를 보며

열두 번째 보는 폐 기상도예요
오늘의 날씨는 흐린 뒤 맑음
갈비뼈를 덮고 비켜날 줄 모르던
흰 구름이 조금씩 걷히고 있어요
저기 웃고 있는 갈비뼈 좀 보아요
구름 뒤에 숨어 얼마나 답답했을까요
왼쪽 폐 북부에 발효된 태풍은
아직 소멸되지 않고 머물러 있어요
코로 들이마시고 입으로 내쉬고
귀찮아도 횡경막을 더 괴롭혀요
숨길 막고 있는 불청객 이젠 안녕해야죠
우기에 갇힌 폐를 햇살 가득한 정원에 펼칠 수 있다면
얼마나 좋을까요
병실 창밖 당신을 통과하기 위해 줄지어 선
연둣빛 바람 손짓을 보아요
항생제에 젖은 몸 감싸줄 준비가 되었나 봐요
장마전선 사라지면 산소호흡기 떼고
함께 물들러 가요
내일 날씨는 구름 한 점 없이 맑음이기를

병원 일기 2
—틀니를 닦다

병원 침대에 누워
걸을 수 없는 아버지 대신
양치질을 한다

먹는 재미를 잃어버린 입에서 떨어져 나와
내 손에 담긴 낯선 치아
이 사이에 낀 오래된 아픔을 마주한다

이 악물어야 했던 지난날들과 맞바꾼 틀니는
기대어 울 가슴 하나 없이
맨 주먹으로 걸어온 시간값

속을 내보인 듯 부끄러워하는 주름진 입을 옆에 두고
다 헤아릴 수 없는 이력을 닦는다

병원 일기 3
—장마

간지러워 머리를 만지면
마른 솔잎 되어 뿌리를 보이던 머리카락
빈숲이 된 머리를 모자로 가리고도 방으로 숨어들었다
이기지 못한 항암주사에
신열로 롤러코스터를 탔다
열이 오르면 야윈 몸을 쥐어짜 땀을 쏟아내고
손발을 웅크려 몸을 떨던 아버지

화장실에 가려다 몇 걸음 못 가 바짓가랑이 사이로
몸을 떠난 물이 흘러내리고
걸어가는 아버지를 보는 내가
뒤따라 흘러내렸다

바지가 젖고 내가 젖고 바닥이 젖는
축축한 삼중주가 도돌이표를 따라 연주되는 동안
머리카락과 함께 버려야 했던 익숙한 이름들
폐암과 동거한 일 년
무거운 일기장이 넘어갔다

〉
놓지 못하는 기억이 남아있어
섬망과 꿈 사이를 헤매다 돌아오는 아버지
열이 잡히고 초점 없던 눈동자에 내가 고일 때
아버지 두상이 이렇게 예쁜 걸
그동안 머리카락이 가리고 있어서 몰랐다는 농담을
우산 없이 나누다보면
다음 계절을 넘볼 수도 있었다

아버지가 집안에 흘러넘쳐
웃을 수 있는 장마였다

독거獨居

어머니의 방은 겨울 들녘이다
TV 볼륨을 높여 쓸쓸한 방을 채우는 어머니
넋두리로 쏟아낸 기도문이 쌓여 벽이 되었다
벽은 소리를 에워싸고
어머니를 품어 밤을 건넌다
잠들지 못한 숱한 밤들
홀로 떨구던 눈물을 가장 많이 목격한 벽은
바람에도 흔들리지 않는 내성이 생겼다
벽이 붙들고 있는 액자 속에서
끝없이 웃음을 보내는 얼굴들 때문에
아침이면 또다시 앓던 몸 일으켜
밭으로 가는 어머니
속 깊은 벽은 밤새 곁을 지키며 품었던 온기를
길에 뿌려 놓는다
벽은 어머니가 기댈 수 있는 유일한 등이다

가면 속에서

가면을 쓰고 놀다 몸만 커버린 나비 한 마리
능청스런 연기로 어른 흉내를 낸다
어른 사이에서 아이인 게 들킬까봐
더 크게 말하고 웃고 화를 낸다

나비는 혼자 나는 법을 모른다
뒤따라오는 날개가 없어진 걸 안 순간부터
한 걸음도 떼지 못하고 주저앉아 울기 시작한다
뒤돌아본다 엄마를 찾는다 날개를 접는다

가면 하나로 어른이 되는 줄 아는 나비
아이에서 어른으로 가는 골목길
어둠을 이겨내지 못한 어린 나비는
가면을 벗고 작은 날갯짓부터 배워야 한다

여물지 못한 연기가 발각되기 전에
제 그림자를 끌어안고
꽃의 표지가 아니라 꽃이 되기 전 견딘
수백 장 페이지를 읽어내야 한다

〉
쉽게 버려진 날개 수북한 발밑
제 손으로 쓸고 닦아 키운 근육으로
허물 벗어 가면 없이 비행하는 그 날
나비는 어른으로 복원된다

달팽이
  ─어느 장애인의 꿈

통영 중앙시장 활어 골목에는
비린 물내음 가장 낮게 맡으며
젖은 언덕 넘어가는 달팽이가 있다

모여든 발자국들 뒤섞여 오가고
몸부림치며 뛰어 오르는 활어들 아우성에
골목마저 팔딱거릴 때
굳은 무릎으로 땅을 쓸며 내딛는 아득한 한 뼘
홀로 이방인 되어 은빛 흔적 남기는 달팽이

차가운 바닥이 되어버린 생生 앞에서
몸으로 문질러대며 견딘 일상이
던져진 동전의 신음처럼 아프다

골목이 항상 젖어 있는 이유는
그가 흘린 눈물 때문이란 걸
가볍게 와서 바쁘게 가는 발자국들이 알 리 없다

햇살이 닦아놓은 마른 길 두고

〈
시린 길 위에 선 순례자
잃어버린 다리가 있던 자리에
아무도 모르게 조금씩 돋아난 지느러미로
언젠가는 바다를 떠다니는 고래가 될 자신을 꿈꾸며
날마다 젖은 숨을 토한다

가장 낮은 포옹

할매국밥집 식탁 아래
먼지 떨어내지 못한 안전화 네 켤레
그늘에서 땀을 식힌다
노동에 절여진 발을 빼내면
발효된 땀이 세운 역사를 모르는 이들이
가볍기만 한 눈초리를 보낼까봐
몸에 발을 담은 채 쉬고 있다

신발은 안다
새벽 네 시 반에 일어나 공사장으로 가는 사내
섬을 가진 적 없지만 섬을 만드는 사람들
막노동이라 이름 붙여도
막, 일하는 사람은 없다는 걸
막, 불러도 되는 이름은 없다는 걸

아무도 기억하지 않는 발자국 남기며
비계 위를 흔들리며 간다
굳은살 새겨진 발을 껴안고 하루를 뒹구는 신발
누군가의 일상을 지키는 가장 낮은 포옹이다

폐선역

마루에 앉아 햇살 먹는 구순 노모가
정물화로 놓여 있던 집
인기척 없는 하루가 길어질 때
대청 서까래 아래 미동도 없이 매달린 무청시래기
옹이 박힌 손길 기다리며
열리지 않는 방문만 바라보다 잠이 든다
달빛에도 자라던 어린 발자국이 새겨진 댓돌 위
서리 맞은 털고무신 흑백사진으로 바래고
허리 굽은 그림자 따라 꼬리 흔들던 길고양이
빈 밥그릇 옆에 홀로 늙어간다
기다려도 노모는 오지 않고
길 잃은 바람만 들렀다 가는 빈
별이 된 집

망백望百탑

살면 얼마나 더 살겠냐고
인공관절 수술도 거부하시고
병원 가는 날에만 겨우 부축 받아 움직이시는
구순 할머니
움직일 때마다 새어나온 짧은 탄식들이
작은 방에 정박되어 있다

누워 지낸지 반 년째
누런 벽지 위에 그리운 이름들 새겨 놓고
걸어온 길을 탁본하는 일상
주름진 이랑 사이에 묻어둔
지난 이야기로 탑을 세운다

기억은 연골이 닳지 않아
통증 없이 불려 나온다
바람 스며드는 뼈마디 마다 채워진 이야기가
할머니 등뼈를 지탱하고 있다
전쟁통에 살아남은 일부터 조카며느리 위암 걸린 일까지

〈
십 년 전과 똑같이 필사되어
쉼 없이 흘러나와 옥개석으로 놓인다

흐려질 때도 지난 것 같은데
가슴에 저장해둔 사진은 바래지도 않는지
생생하게 쌓여가는 돌들
기억보다 먼저 시들고 있는 몸이 원망스러워
이야기 끝엔 항상
갈 때가 됐는데 가지 않아 미안하다는 말

저물녘 통증에 절여진 몸이 일찍 잠에 들면
이야기들은 낮익은 숨결 따라 또 한 층 쌓여
저물지 않는 탑이 된다

광부

어둠을 헤집는 헤드랜턴 불빛이
오지 않은 날들을 밝혀 줄 거라는 기대가
밤의 나라를 떠돈다
사내는 매일 케이지에 몸을 실어
지구 중심을 향해 몰입한다

귀를 찢는 착암기 소리
사십 도를 오르내리는 지열에
온몸에서 터져 나온 물줄기와
검은 가루 반찬 삼아
거친 밥을 목구멍으로 밀어 넣으며
물러나지 않는 절벽과 마주했으리라

장갑 속 깊은 고랑에서 흘러나온
시커먼 흙탕물 한데 엉겨
밑바닥으로 스며들고
한숨 내쉬며 날리는 담배연기
출구를 몰라 헤매어도
끝나지 않는 어둠은 없다

〉
피 대신 탄가루를 채운 폐 속
마모시켜 온 젊음이 구슬퍼
눅진한 하루의 가장자리에
그의 가슴을 갈아 먹물이 된
시내가 흐른다

바다로 간 나비

4월이 되면
진도 앞바다 맹골수도에는
부레 없이 잠든 다섯 마리 나비가
바다를 노랗게 물들인다

나는 법을 잊지 않으려 뒤척일 때마다
곡선으로 출렁이던 파문
물속에 놀러온 햇살 한 줄기 꺾어
젖은 날개 말리면
부치지 못한 편지가 되어 가라앉는다

몸을 식히러 바다로 뛰어든 별들이
나비를 두고 하늘로 돌아갈 수 없어
차가운 몸 껴안아 체온을 전해주지만
나이테가 너무 적은 날개는
바스락 소리마저 내지 못하고 잠이 들었다

흔한 안부가 눈물로 떠도는 바다
시든 물결 사이에 잠든 나비

〈
소금꽃으로 피어나는 꿈을 꾼다
잠이 들어도 잠 잘 수 없는
그 샛노란 꿈

* 세월호 미수습자 수색 작업은 2018년 10월 19일자로 종료되었고 미수습자 5명은 아직 바다에 잠들어있다.

마네킹

어제로부터 이월된 수선되지 않은 표정
서랍에 구겨 넣고 옷을 입는다

오전 아홉시 왕을 만나는 시간
심호흡 세 번
목소리는 '솔' 톤
웃음을 유지하며
"사랑합니다, 고객님"
불안한 고백이 밥줄 타고 건너간다

줄을 흔들며 돌아오는 못질에 찔려
피가 나고 멍이 들어도
"죄송합니다, 고객님"
죄송하기만 한 하루에도 쇼윈도 안에서
같은 표정으로 웃고 있는 나
밟힌 꽃밭은 위무 받지 못하고 잊혀진다

흔들리는 눈동자 들키지 않으려
애써 웃으며 하늘을 보면

〈
박음질 되지 않은 눈물이
타는 입 속으로 찾아와
갈라진 가슴 깊숙이 스며든다

참았던 울음을 산란하는 화장실
흐려진 거울에 얼비치는 얼굴
잘려나간 반쪽을 채워주는 아이들 생각에
찬 물 세수 몇 번으로 입꼬리를 올려본다

젖은 옷 벗어던지지 못하고 다시 심호흡
우산도 없이 장대비 내리는 쇼윈도로 향한다
지금은 우기雨期일 뿐
"사랑합니다, 고객님"

빛을 건지다

동생 업고 하염없이 바라보던 학교 가는 길
친구들 책가방 속 필통 달그락거리는 소리가
제일 부러웠던 그녀는 어둠 속을 걸으며
커갈수록 작아지고 있었다

경찰서 가는 것만큼 떨렸던 은행 가는 길
손자가 동화책을 들고 와 읽어 달라면
아이스크림 사준다며 데리고 나가고
동네 사람들 어울려 식당에 가면
옆 사람과 같은 걸로 시키곤 했다

홀로 허우적거린 밤바다에서 멍든 가슴 들킬까봐
모래알처럼 작아진 그녀는 일흔 셋이 되어서야
마음으로 수백 번은 더 오갔던
학교 가는 길을 걷는다

한글학교 진달래반 그녀 이름은 김말자
기역 니은 하늘 바다 엄마
해진 기억 붙들고 새벽녘에 새기는 가나다라

〈
양파모종 심는 흙 위에
빨래하다 비누거품 위에도 쓴다

은행 출금전표 들 때마다 세웠던 촉수가 사라지고
매일 들르던 동네 슈퍼 이름에 불이 켜진다
사십 년 간직해 온 군대 간 아들이 보낸 편지
더듬거리며 읽을 수 있게 된 날
가슴에 지층 이룬 설움이 흘러내린다

어둠 속에 숨어 꽃 피운 적 없는 녹슨 발자국
늦은 날갯짓에 움트는 그녀의 빛

앵무새를 읽다

 호흡기내과 진료실 책상을 사이에 두고 앞에는 가운 입은 앵무새가 앉아 있다 얼굴도 쳐다보지 않고 훈련된 말을 내게 건넨다 "어떤 증상으로 오셨어요?" 앵무새는 옆모습이 자신있나보다 몸 상태에 대한 몇 가지 질문을 하고 대답을 듣는 동안 높지 않은 콧등에 얹힌 금테안경을 매만지며 내외한다 오른쪽 귀는 감추고 싶은 비밀이라도 있는지 왼쪽 귀만 보여 준다 쇠맛이 나는 새일 거라는 생각이 든다 다른 병원에서 가져온 CT를 확인할 때도 모니터만 주시한 채 알맹이 없는 말로 혼자만 건너기 위한 징검다리를 놓는다 "혹이 크네요" 모니터에게 하는 말인 줄 알았다 나는 앵무새를 바라보고 새는 모니터를 바라보는 삼각관계다 장밋빛 한 마디 듣기 위해 며칠을 대기하고 예약시간 맞춰 왔다 그러고도 한 시간 넘게 외줄을 타게 하고는 잘 마른 낙엽처럼 쉽게 부서지는 처방을 내린다 "CT를 다시 찍어봐야 확실히 알 것 같네요. 예약을 잡아드리죠" 뾰족한 부리로 물어서 미로 속에 내던지는 말 던져진 말의 꼬리를 잡으려다 나도 함께 미로에 갇힌다 가슴 속에서 갈 길 못 찾던 씨앗들이 뒤엉킨다 나는 막다른 골목 앞에서 길을

묻고 있지만 앵무새는 벌써 숙련된 키보드질로 다음 먹잇감을 찾고 있다

여덟 살 아리안

아프리카 수단의 여덟 살 소녀 아리안
책가방 대신 물통을 들고 길을 나선다
길가에 박혀 있는 돌멩이도 어제보다 야위었다
물웅덩이까지는 걸어서 세 시간
어쩔 수 없이 들어선 묵언수행의 길 위에서
소녀는 홀로 익어간다

굶주린 모기떼 갈 곳 잃은 쓰레기도 목이 말라
웅덩이에 둥지를 틀었다
신음하는 물을 다독여
한 통 가득 얼룩진 숨을 채운다

제 무게보다 무거운 머리 위 물통
짓누르는 고통을 견디며
목피木皮같은 발바닥을
한 걸음씩 내딛는다

푸른 날 기억조차 없는 여덟 살 소녀
시곗바늘이 여러 번 제자리를 찾아 돌아도

〈
뒷걸음질 친 집엔 닿을 수 없다

모래바람이 얼굴에 사포질을 해대고
햇살이 억수처럼 내리는 깡마른 오후
골다공증 걸린 땅 위
우물이 되고 싶은 한 소녀가 비틀거리며
무한궤도의 길을 가고 있다

하늘 청소부

바람이 할퀴고 간 흔적과
비가 남겨놓은 낙서를 지우려
허공에 둥지를 튼 사내
외줄로 동여맨 숨결은
쉽게 흔들리지 않는다
하늘을 숨기고 있는 창을 닦으며
얼룩진 도시를 내려다본다

바쁘기만 한 발자국들이 빌딩 속으로 스며들어
엘리베이터를 타고 허공 어디쯤에서 내려
위로받지 못한 영혼으로 시들어간다
얼마나 많은 상처들이 모여
도시의 표정을 만드는 것인지
바깥에 서서 안을 엿보는 사내
잘 닦인 하늘을 선물한다

발자국은 얼룩 사라진 창 앞에서
딱지를 떼어내며 봄으로 향하고
하강한 사내는 또다시 닦는다

〈
하늘 담은 창을
유리 안 상처를
매달린 자신의 숨결을

병원 일기 4
—섬망

스물네 번째 항암 치료에 닿자
굳게 버티던 아버지 몸에 누수가 발생했다
물은 몸을 타고 번진다
머릿속이 흙탕물로 얼룩져 과거 속으로 빨려 들어간 아버지

골라먹는 아이스크림 통을 들고서 선택된 기억을 맛보라 한다
엄마는 외계인이었다가 바람과 함께 사라지고
슈팅스타가 되어 펼쳐놓는 무용담
서른한 가지 맛을 다 보아도 쓰기만 한 아이스크림

흐드러진 섬망 속을 헤매다 가끔 내가 있는 곳으로 와서
"나는 이제 얼마 안 남았다"
장마에 터져버린 강둑 같은 말을 흘려 놓으면
봉인 해제되는 눈물샘을 가슴으로 누르며 강둑을 다시 쌓는다
"아니예요 지난번보다 암세포가 작아졌대요"

〈
포장된 새빨간 웃음을 건넨다

웃음은 돌아오지 못하고
시간을 잃은 아버지
낡은 문이 닫히고 있다

병원 일기 5
　―그렇게 가을이 왔다

굳어가는 폐가 무서워 정신마저 몸을 떠난 시아버지는
혼자만 아는 퍼즐을 맞추며 병실에 누워있어요
구입한 적 없는 로또 일등당첨금 누가 가져갈까봐 잠 못 이루는 아버지
사람들이 훔쳐가기 전에 통장을 가져와야 한다고
맞은편 환자에게 버스 타는 곳을 물어요
돌아오지 않는 대답에 반쯤 들어간 링거병을 들고서
집에 간다고 걷다 다리에 힘이 없어 주저앉아요
다시 데려온 침대에서 파도가 친다며 바지를 내려요
막지 못한 파도가 넘쳐 반은 이미 침대를 적시고
나머지는 소변통에 출렁거려요
창 밖 하늘은 시리도록 푸른데
아랫도리를 며느리에게 맡기고 탈출을 꿈꾸는 시아버지
뭉게구름이 창을 지나는 동안 젖은 옷을 갈아입히고 기저귀를 채워요
흐려졌다 맑아지는 창을 읽다 보면 시어머니가 교대하러 와요
잠시 잔잔해진 병실이 한숨 돌리는 동안

〈

 전쟁터 같은 병원을 빠져나오면 혼자 다른 시간을 걷고 온 것처럼 낯설어요
 주차장으로 향하는 흐린 길모퉁이에서 마스크를 뚫고 들어온 금목서 꽃향기
 온몸을 감싸며 지친 등을 쓰다듬는 향기에 허락 없이 눈물이 뛰쳐나와요
 하루가 향기 속에 넘어져요
 만 리까지 가는 향이라는데
 아버지 느껴지나요
 가을이에요

병원 일기 6
―굽은 나무

부산대학병원 중환자실 안 격리실에
깃털 되어 누운 나무
옹이마다 연결된 일곱 줄을 붙들고
홀로 줄다리기를 한다

평생을 해 온 일
숨 쉬는 법 모를 리 없는데
입 속 차가운 호스가 배달하는 숨을 빌려
끝 모르는 터널 속에서 헤매는 하루

수면제와 항생제 사이 놓인
까만 성문을 들어 올려 눈을 뜬다
뭍에 오른 물고기가 파닥거리듯
지친 가지를 털고
말라버린 뿌리를 꼼지락 거린다

아직은 나이테를 더 그려야 할 때

하루 삼십분 면회시간

〈
나무 그늘 아래 자란 이들 찾아오면
희미한 눈빛으로 대답하는 나무
부은 가지 끝으로 힘들게 한 글자 한 글자
시트 위에 새기는 말
'밥 먹었나'

숨죽이고 있던
하얀 방이 범람한다

철쭉의 외출

그렇게 신기한 눈으로 쳐다보지 말아요
기분전환 하러 나온 거니까
겨우내 집에 갇혀 있으려니 몸이 근질거렸거든요
기다림이 문으로 가는 유일한 길은 아니잖아요
처음엔 바람의 체온만 재려고 했어요
근데 생각보다 체온이 높았던 거죠
봄이 다 온 줄 알고 머뭇거리다 시간이 지체되었어요
봄은 로켓배송 안되나요
건너편에 고개 내민 개나리도 보이네요
나만큼 밖에 나와 놀고 싶었나 봐요
이제 겨우 1월이라구요?
겨울은 걸음이 너무 느린 게 흠이죠
아직 견딜 만해요
한숨보다는 노래가 내 방식이에요
햇살이 몸 숨긴 어둠 속에서도 허밍
시린 바람 스며든 얼굴 굳어가도 룰루
봄이 도착하기 전에 아스라이 스러지더라도 괜찮아요
난 이미 봄봄봄

제 3 부
잊혀진 섬들을 위하여

성형외과에 간 우체통

선생님, 저는 살이 안 빠져서 고민이에요
최근 몇 년간 끼니조차 제대로 먹지 못했는데
예전에 매일 과식하던 때랑 몸무게가 똑같은 거 있죠
너무 굶주려 배가 부어 오른 건데 그것도 모르고 사람들은
제가 너무 뚱뚱해서 음식을 안 주나 봐요
그래서 말인데요
지방제거수술을 하고 싶어요
20kg 정도 빼면 말라보이고 안쓰러워서
뭐라도 좀 주지 않을까요

지금도 가끔 생각이 나요
수줍게 써내려간 연애편지의 달콤한 맛과
군대 간 아들이 어머니에게 보내는 눈물로 쓴 편지의 알싸한 맛
라디오 DJ에게 보내는 사연과 신청곡이 담긴
부드러운 엽서에게서는 진한 커피향이 났죠
배가 불러도 멈출 수 없던 만찬
제가 사는 이유였죠

〈
아, 생각만 해도 침이 고여요

여전히 마음을 이어주는 길목에 서서
너무 배가 고플 땐 햇살과 달빛을 머금고 견뎠어요
조금 느리지만 누구보다 따뜻하게 가슴 데워줄 자신이 있는데
등 돌린 발걸음은 어디서 헤매이는지
눈먼 그림자로도 돌아오지 않고
제 기다림만 빨갛게 익고 있어요
비어있는 뱃속에서 가끔 바람이 놀다 가지만
허기진 마음은 채워지지 않죠
아무리 생각해도 이유는 단 하나
뚱뚱한 제가 싫어진 거예요
날씬해진 모습으로 다시 저를 찾게 만들래요

선생님,
그나저나 견적은 얼마나 나올까요?

김밥

까만 담요를 침상에 깔고
그 위에 솜이불 하나 덧놓는다
단칸방 오남매 한 이불 속에 든다
든든한 큰오빠 단무지
언제나 옳은 말만 하는 야무진 둘째 당근
구릿빛 피부를 가진 건강한 셋째 어묵
막내에게 관심을 빼앗겨 심통 난 넷째 시금치
애교로 언니 오빠들 녹이는 귀염둥이 막내 계란까지
서로 몸 비비며 눕는다
불이 꺼지고 시계 맥박 소리 작은 방을 채울 때
볶이는 깨처럼 튀어나오는 웃음소리
잠을 내보낸 아이들 돌돌 말린 이불 속에서 장난을 친다
풀어헤칠 수 없이 엉겨 깊어가는 밤
꼭 끌어안고 맡는 살내음
뒹굴다 삐져나온 발가락 꼼지락대며
방이 환해지도록 또 웃는다
서로에게 물들며 한 뼘씩 자라나는 시간
참기름 냄새 가득한 다둥이네

벚꽃 지다

바람 부는 거리는 무대
리허설 없이 한 번에
완벽한 춤사위를 펼쳐야 한다
떨리는 마음으로 흩어지며 나간 무대 위
환호하는 관객들의 미소에
화장으로 가린 상처 잊혀지고
빛살 조명 비추는 무대를 누비며
웃음 잃어버린 입가
갈라진 가슴 사이로
스며들어 번짐,
경계를 지워 허공에 동화된 순간
바닥에 수놓아지는 연분홍 카펫
일 년을 기다려 쏟아낸
한바탕 향연

고등어

무슨 원죄를 지었길래
칠흑의 봉지에 쌓여
차가운 감옥에 갇힌 걸까
소리쳐도 대답하는 이 없고
겨울 속에 빠진 몸은
입도 다물지 못한 채
빠르게 굳어간다

묵직한 덩어리로 채워지는 시린 방
시루떡 질펀한 엉덩이가 등을 누르고
함께 심해를 누비던 멸치가 옆구리를 찌른다
가끔이라도 빛이 드나드는 앞자리를 빼앗겨
눈길 닿지 않는 구석진 자리에서
토막난 꿈은 화석이 되어 간다
나는 늙지도 않고 계절을 건너
잊혀지는 중이다

도마 위에서
불 위에서

〈
입 속에서
세 번 죽는 생

아직 남아 있는 죽음을 살기 위해
어두운 시간을 견딘다
밥상 위 단두대로 불려나가
숨겨둔 바다 토해낼 그날까지
놓지 못할 푸른 기억

가을 돌솥밥 만들기

 잘 씻은 뭉게구름과 하늘을 돌솥에 담은 후 마음 가는 비율로 막새바람을 붓습니다 첫사랑 떠올리는 눈빛 위에 올려 가열합니다 흘러간 발라드 흥얼거리며 기다리면 찰진 밥이 만들어집니다 기다리는 동안 시집 한 권 들고 단풍나무 아래 누워 밥 익어가는 소리 들어도 괜찮습니다 밥이 다 되면 낮은 곳으로 내려앉는 밥내 맡으며 뜸을 들인 후에 맛있게 먹습니다 밥을 다 드신 후에는 커피향 나는 노래를 부어 구수한 옛 기억을 마실 수 있으며 노래를 붓지 않고 코스모스 꽃잎이나 은행잎을 이용하여 노릇하게 들러붙은 추억을 벗겨서 과자처럼 드시면 씹을수록 고소한 맛을 느낄 수 있습니다

 주의사항 : 돌솥을 사용하신 후에는 따뜻한 물에 그리운 이름을 풀어 세척하세요 마음이 오래 젖어 있지 않게 완전히 건조시킨 후에 통풍이 잘 되는 곳에 보관해 주십시오

노란 보살

단풍에 젖은 부석사를 두고 돌아오는 길
가슴은 향내 품은 가을빛으로 만삭이다
노랗고 빨간 등불의 유혹을 뿌리치고 속도를 내자
운전대 너머에서 들리는 독경 소리
소리를 따라 시선이 머문 곳
와이퍼 밑에서 은행잎 하나 가부좌를 틀고 있다
어디까지 가는지도 모르면서 어쩌자고 올라탔을까
낯선 길 위에서 홀로 바람을 견디는 가녀린 보살
속도를 줄여 불안해하는 노란 눈빛을 다독인다
그 때 바람 타고 날아가 버리는 은행잎
머물고 싶은 도량을 찾았나보다

겨울로 가는 떡갈나무

여름내 가슴에 모아둔 햇살로
곱게 손끝을 물들였다
모든 물기 토해내어 더 이상
색을 만들 수 없는 벼랑 끝에서
별리를 준비해야 하는 엄숙한 의식 앞에
또다시 섰다

며칠째 주위를 서성거리던 바람이
차가운 입김으로 체온을 빼앗아갈 즈음
마지막 온기를 손끝에 전하고는
모든 이파리들의 손을
놓아 버렸다

잘 가
이제 강물 속으로 뛰어들 시간이야
칼춤을 추던 태풍도 견뎌낸 힘줄로
바람 어깨를 밟고 올라서 너의 길을 가야 해
기억하렴
너를 흔드는 건 바람이 아니야

〉
겨울은 외로운 줄타기를 하며 성숙해지는 시간
길 끝에서 붉은 열정 토해낸 자리
녹슨 눈물 말라 한 줌 가루가 되어도 괜찮아
너는, 우리는,
시나브로 봄과 함께 손끝에서 만나
푸른 입술로 다시 태어날 테니

낙엽의 보행

어둠을 밀어 올린 아침
차가운 아스팔트 위에서
목숨 걸고 오체투지 중인 낙엽
가녀린 몸은
자동차가 지나갈 때마다 날아오른다
떨어지는 일에 익숙한 몸이 달아오르다
금세 바닥을 향한 수직에 든다
기댈 곳은 바닥뿐이어서 잠시 기댔다가도
딛고 일어나는 곳 또한 바닥이라
바스락거리는 심장을 일으킨다
앞으로 세 걸음 가면
뒤로 네 걸음 밀려나는 더딘 보행을
위무하는 햇살을 안고
바퀴에 짓밟혀 으스러질 때까지
멈추지 않는 가시밭길
물러서야 할 때를 알기에 떠나온 뿌리로
돌아가는 중이다
벼랑 끝에 매달린 낙엽 위로
일순간 드리워진 그림자

〈
흔들리는 눈빛을 외면한 바퀴가 지나간다
터져버린 실핏줄 사이
낭자한 내 얼굴

걸레

구석은 아파요
어디로든 갈 수 있는 광장이 좋아요
무릎을 접을 때 보았어요 바닥에 스치던 햇살
지워진 나이테는 굳은살로 메우고
남은 물기로 얼룩을 삼켜요
어둠 속에서 살찌운 주검들
손 내밀어도 잡을 수 없어요
애써도 닿지 않는 건 그냥 내버려둬요
모서리에서 만난 각진 흉터들이
나를 길들이고 있어요
아파도 탓하지 않고 돌아서는 힘이 생겼어요
알 수 없는 웃음이 늘고 눈물이 줄었어요
뭉쳐서 달려드는 먼지도
바닥에 눌러 붙어 떼쓰는 얼룩도
모두 껴안기로 했어요
아직 닦아야 할 이름이 남아 있거든요
높이 날아오르려 하지 않고
바닥을 읽으며 살겠어요
지나간 자리가 거울이 되면 좋겠어요

동백꽃

겨울바다 사무치게 그리워
붉은 심장 그대로 꽃이 되었나
흑백사진처럼 쓸쓸히 박힌 동백섬에
붉은 꽃등 하나둘 켜지면
무심히 파도만 튕기던 바다도
마음이 흔들린다

바다 향한 일편단심
생의 마지막 순간까지
작은 꽃잎 한 장 해풍에 내어주지 않고
피었던 그대로 내려와
언 땅 위에 오롯이 불 밝힌 꽃등
길을 물들인 건 너의 혈흔일까 눈물일까
차마 밟지 못해 서성이는 발자국만 켜켜이 쌓여가네

툭, 툭, 꽃등이 지면
겨울바다는 제 가슴을 치며 울고
눈치 없는 봄은 동백꽃 붉은 수단을 밟으며 온다

보수동 책방골목

탑이 된 책들이 골목에 서서
살 맞대고 주름진 간판을 지키고 있다
누군가의 기억 한 켠에 저장되어 있을
퇴적된 이야기들이 살아 숨쉬고
바다 내음보다 묵은 향기가
발걸음 에워싸며 말을 걸어온다
무채색 바람이 흐르는 탑 사이를 걸으면
영사기 필름이 되감기며
발효된 시간 속으로 데려간다

발길 닿는 대로 들어가
굳은살 박힌 책장을 넘긴다
과거와 연결된 통로가 열린다
시를 읽으며 나타샤를 그려보고
라임오렌지 나무 아래에서 제제를 만나
뽀르뚜가 아저씨를 함께 그리워한다
무심코 넘긴 책장 속에서
'사랑하는 오빠의 생일을 축하하며… 수현'
잠자던 밀어를 엿듣고

〈
그들은 지금 어떤 모습으로 살고 있을지
궁금해 하며 떠나는 시간여행
간절한 눈빛에 이끌려 손에 넣은 보물을 들고
책탑 사이를 다시 걷는다

'책방 하실 분' 주인 찾는 벽보 한 장
굳게 닫힌 덧문 위에서 비틀거린다
손때 묻은 제목 찾는 목소리 대신
인증샷 남기는 셔터소리로 채워지는 골목
다 하지 못한 이야기 품고
검붉은 이끼로 저물고 있다

싱크홀

무분별한 도시 개발이 남기고 간 그림자
땅속에 먹구름을 키운다
그곳엔 어둠을 살라 먹으며
더듬이와 털로 촉을 키운 녀석이 살고 있다
죽음 같은 정적만이 존재하는 지하 동굴
물이 떠나간 빈자리를 노려 활보하는 칠흑의 괴물

달콤한 흙냄새 사이를 비집고 들어온 매캐한 연기
어디선가 눈먼 도시의 바람이 지나는 소리를
더듬이가 먼저 느끼고
축축하게 누워 잠자던 털이
발끝에서부터 말라가며 조금씩 일어선다

온몸 세포가 엇박으로 움직이며
점점 더 거칠어지는 숨소리
내뱉은 소리가 메아리로 돌아오면
먹물 같은 타액을 늘어뜨리며 행동 개시할 시간

생명수 있던 자리에 불법 점거한 먹구름

〈
거대한 입을 벌려 광속으로 흡입한다
강력한 소용돌이에 휘말려
속절없이 그의 입속으로 빨려 들어가는 길
순간이다

분주했던 어둠이 다시 제자리를 찾아간다
속도에 익숙해진 길은 한 끼 식사로
굶주린 배에 흔적 없이 묻히고
걸음을 멈춘 길 위의 시간은 방향을 잃어
떨어져나간 조각을 찾고 있다

등대

밤이 달려온다
살갗에 스미는 어둠
홀로 눈 뜬 등대는
달이 드리운 미늘에 걸려
나이테를 새기며 물결 속에 서 있다
잠을 잃고 어둠을 밝히는 밤
헐어버린 입술로 부르는 노래는
해풍에 길들여진 손 잡아줄
외진 창窓이 된다
어둠이 어둠을 더할 때
꽃잎 같은 불빛은 짙어져
길 잃은 배를 불러 모으고
저물녘 배들은
밥내 피어나는 골목에서
엄마가 부르는 아이 이름처럼 따뜻한
불빛을 당기며
하나둘 집으로 돌아간다

뿔난 감자

베란다 비닐봉지 속에서 손길 기다리던 감자 한 알
가부좌 틀고 앉아 뿔을 내민다
검은 대합실에서 썩지 않고 스스로를 지켜낸 단단한 근육
홀로 이겨낸 어둠의 길이만큼 자라난 뿔을 도려내고
껍질을 벗기자 뽀얀 얼굴로 바라본다
깊이 패인 상처를 안고도 눈물 한 줄기 흘리지 않는 의연한 속내
터널을 통과한 아픈 시간과 눈이 마주친다
방치한 마음은 뿔이 되던가
알면서도 모르는 척 외면한 마음들에 맺힌 뿔이
어디선가 자라는 소리 들린다

겨울산

날 세운 바람만이 배회하는 가지산
가진 잎 모두 비워내고 가벼워진 나무들의 시선이
제 속으로 향하기 시작하면
쉴 새 없이 흐르던 계곡도 멈추고 겨울잠에 든다

산은 겨울에야 제 울음소리를 듣는다 한다
창백한 여백은 내성이 생기는 시간
흰 뼈대를 모아 갈필로 써내려간 일기장에선 박하향이 난다

바람에 깨어진 그림자를 묻고
순결한 눈밭에 발자국 남기며 내려오는 길
지난 시간 나는 누군가의 가슴을 얼마나 짓밟으며 걸어 왔던가
파편 같은 질문이 피돌기를 한다

매운 바람에도 나이테를 새기는 나무와
흐르기를 멈추고 더 맑아지려 침전하는 계곡물이
침묵으로 건네는 이야기를 들으며

〈
다시 그림자를 일으켜 세운다

비워낸 가슴 따뜻하게 덮으라고
어느새 눈은 하르락사르락 내리고
얼어붙은 풍경으로 걸어가는
나의 시간은 안단테로 흐른다

종이의 성격

종이는 내성적이다
쉽게 구겨지는 마음과
작은 힘에도 찢어지는 몸을 가져
바람에 맞서지는 못해도
바람을 타고 날아갈 수는 있다
함께 있을 때 힘을 얻지만
혼자일 때 자유로움을 좋아한다
빨간색을 입으면 보수가 되고
파란색을 입으면 진보가 되므로
결정 장애를 가졌다
홀로 서지도 못하는 한 장에
세상을 바꾼 역사가 들어 있고
누군가 세상에 남긴 마지막 인사가 들어 있다
그래봤자 수줍음 많은 낙엽일 뿐이라고
아무도 경계하지 않는 종이는
선을 넘어오는 이에겐
방심한 순간 몸 끝을 세워 공격한다
수없이 해체되며 키워온 방어본능이다
종이에 베여본 사람은 안다

〈
사방 칼날을 숨기고 있다는 걸
피를 보고서야 종이 한 장 속
굵은 뼈대를 본다

격리

코로나가 누른 일시정지 버튼이 일상을 가두었다
집안에 갇혀 쳇바퀴 돌리다 문득
동물원에 갇힌 그들에게 닿은 머리길

장난 섞인 웃음과 호기심 가득한 시선이
얼마나 잔인한 것이었는지
내 일상을 도둑맞고 나서야
숱한 날들 벽에 막혀
돌아섰을 발걸음을 떠올린다

초원을 빼앗긴 슬픔에 대하여
뛰어다니지 못해 굳어가는 근육에 대하여
사육당하는 입에 대하여
하늘 높이 날지 못하는 날개에 대하여
시들어가는 야성에 대하여

생각하지 못했던 과거가 일으키는 파문에
소용돌이치는 그림자
너희도 똑같이 당해보라는

〈
소리 없는 외침
유희를 위해
가두고 길들였던 모든 생명들의
사라져간 울음을 듣는다

빼앗긴 계절보다
빼앗은 날개가 더 많다

극락암에서

통도사 극락암으로 걸어오는
가을을 보고 있었다
붉은 얼굴은 전염성이 강해서
볼을 스치기만 해도
극락영지極樂影池 눈동자가 붉어졌다
물구나무 선 홍교虹橋를 돌고 돌아
생과 사를 반복하고 있는 가을이
길고 어두웠던 여름을
쉽게 떠나보내는 법을 가르쳐 주었다
흔들리는 시간 속에서
어디로 가야할지 모르던 심장 소리가
다리 위에서 새벽 암자처럼 고요해졌을 때
언제부터였는지 몰라도
물구나무서서 불경을 외는 영취산이 보이고
한 번도 두 팔로 스스로를 들어 올린 적 없는
내가 보였다

제 4부
나에게 가는 길

어둠을 만지다

잔물결로 흐르던 내가
아이의 작은 실수에
날 선 파도를 일으켜 화를 냈다
방으로 들어와 거울 앞에서
몸에 돋아난 가시를 뽑다가
골방 어둠 속에 웅크리고 있는
어린 나를 만났다

시간은 정지되어 있고
얼굴은 그늘져 있었다
눈이 마주치자 자기 얼굴에서
상처만 찾아 읽어달라고 했다
읽어야 할 상처가 너무 많아 눈물이 났다
거울 속 나를 끌어안고
곪아있는 어둠을 어루만졌다
차갑던 몸에서 물 흐르는 소리가 들렸다
봄으로 가는 몸이 간지러워 뒤척이면
몸 닿은 자리마다 어둠이 닦여졌다
나는 조금씩 피어나고 있었다

〉
아이를 키우며 한 번씩 만나게 되는
거울 속 또 다른 나
마음을 어지럽힌 이중주는
떨치지 못한 아청빛 아픔을 만나고 오면
다시 미소 스민 물결이 된다
그렇게 읽혀지고 채워지는
놓쳐버린 나의 행간

기도법

연필을 깎는다
종이 한 장 펼쳐놓고 칼로 바닥까지 밀어
허물을 벗기듯 나무결을 깎아내고
시린 벽들과 부딪혀 닳아버린 연필심을
속살까지 다듬는다

사람 사이에 있어도
외등 꺼진 골목길을 혼자 걷는 발자국이거나
종일 맞은 채찍비로
젖은 바닥에 누운 낙엽이 되어버린 날,
책상 위 연필깎이가 보내는 눈길을 외면한 체
완행열차를 타고 가는 여행처럼 더디게
칼로 연필을 깎는 건
내 오래된 기도법

연필을 깎으며 무뎌진 마음을 깎는다
부러지지 않는 견고함을 달라고
향기 나는 사람이 되게 해달라고
마음 담아 하는 기도

〉
무릎 꿇고 두 손 마주하지 않아도
기도는 피어난다
손끝에서 꽃단장한 연필이 늘어나면
어둠뿐이던 빈 가슴에
싸라기별 하나둘 등불을 켠다

가장 심한 욕

일도 연애도 프로일 것 같은 배우
빛이 나는 그녀가 라디오에서
살면서 들은 가장 심한 욕이 무엇이냐는 질문에
"평생 사랑도 한 번 못 해보고 죽을 사람"이라고 답했다
빨간 장미를 닮은 그녀에겐 어울리지 않는 말
탱탱볼처럼 튀어 가슴에 한동안 굴러다니던 대답

라디오에서 처음 들은 무서운 욕을
일기장에 긁적이던 사춘기 소녀는
사십대 중반이 되었고
평생 내편이 되어줄 한 남자를 만나
함께 삶을 파도 타는 중이다

검색해 본 그녀는 육십이 넘었다지만
아직 화려한 싱글
나이를 가늠할 수 없는
청량음료 같은 모습으로
여전히 TV에서 웃고 있다

〉
그녀 말을 들은 이후로
그녀의 사랑이 궁금했고 궁금하다
결혼은 하지 않더라도
가장 심한 욕대로 살다
외로운 별로 지지 않기를

그녀가 알 리 없는 먼 곳에서
기도한다

착각

사람을 쉽게 정의하는 친구가 있어
그는 나를 벽이라고 말하지만 나는 벽 너머 숲이야
함께 기워낸 실이 노란색이어서
노랗고 누렇고 노르스름하다는 정도로 생각하겠지만
그는 모르지 빨강인 나와 검고 하얀 나를
나는 그가 알고 있는 선과 면이 아니야
못 자국이 되었다가 벽에 몸을 통째로 걸어두기도 해
기둥은 매듭져 있고 바닥은 아치형이야
왜 말이 없냐고 하지만
나는 수없이 질문을 던지는 사람
밖이 아닌 안으로

지상 1층에서 만난 그는
지하 5층에 와 있는 나를 몰라
죽는 날까지 준공식은 하지 않을 거야
계속 깎아내는 중이거든
고온 화상을 입고 저온에도 화상을 입어
그래도 밥알은 숨 쉬고
떨어진 밥풀 하나 짓눌러

〈
종이를 붙이면 견고한 다짐이 되지
그가 보지 못했다고 해서
죽은 날벌레가 먼지인 건 아니잖아
나는 당연하지 않아
내 그림자와 다르니까
나는 그가 정의할 수 없는 이름이야

파도

섬 하나 일으켜 세우려
핥고 또 핥아
점막은 사라져 버렸다

파도는 바다의 혀
별들의 수만큼 혀를 가진 바다는
하늘이 창을 닫아
어둠마저 숨죽인 밤에도 잠들지 못하고
혀의 야상곡을 듣는다

끝이 갈라져 물거품 되도록
태어나 한 번도 불리어진 적 없는
잊혀진 섬들을 위하여
달려와 위무하는 혀

미감을 잃어가는 줄 모르고
섬을 핥는다
온 우주를 핥는다

삭제된 얼굴

스마트폰으로 찍은 사진을 넘기며
살쪄 보여서 삭제
주름이 선명해서 삭제
표정이 마음에 들지 않아 삭제
보여줄 단 한 장을 위해
수많은 나를 삭제한다

턱선을 지워버린 살과 보름달에 가까운 얼굴도 나고
자라난 주름이 눈가를 포위하고 있는 얼굴도 나고
기미와 점이 둥지를 튼 얼굴도 난데
기미리기 위장시켜 준 물광 피부와 갸름한 얼굴이 나만
진짜 나인 척 SNS에 올리고
예뻐졌다는 말 어쩜 하나도 안 늙었냐는 말 듣기 위해
나를 삭제한다

휴지통에 모인 수많은 나를 다시 한 번 버리며
내 눈을 피하는 젖은 얼굴을 본다
삭제된 수천 개의 나는 어디에서
따뜻한 지문을 찾고 있을까

기차

길 밖의 길을 가본 적 없다
평행선 위 줄타기 하며 계절을 건너지만
꿈꾸는 세상은 늘 길옆에 있고
나는 경계를 넘지 못했다

쉽게 경계를 넘어온 섬들이 오갈 때마다
코끝으로 전해지는 낯선 향기 속엔
가슴에 파문 일게 하는 조약돌이 숨어 있다
섬들은 무겁게 와서 아프게 갔다
그들이 떠난 후 언제나 빈집으로 남아서 나는
매일 덜컹거리며 달리나 보다

일탈을 꿈꾸다 일생이 가고 있다
섬에게 길옆에 펼쳐진 동화에 대해 알고 있는지 물었지만
엷게 웃기만 할 뿐 대답하지 않았다
나는 며칠을 앓았고 대책 없이 흔들렸다

어둠속에 쓰러지듯 안겨

〈
남은 섬들을 풀어놓자
섬들은 기다리는 품속으로 서둘러 흩어졌다
흔한 발자국 하나 남기지 않았다

또다시 빈집이다

불면증

벽시계가 목소리를 높인다
창가에 닻을 내린 달빛이 눈부시다
침대에 누웠는데 잠을 찾을 수 없다
뒤척이다 떨어진 걸까
손을 더듬어 봐도 만져지지 않는다

볼륨을 높인 적 없는데 밤의 심장소리가 커진다
잠으로 데려가는 음악을 듣는다
벽 모서리에서 흩어지는 자장가
잠을 불러 모으지 못한 채 허공에서 미끄러진다
외줄 타고 시간이 흘러간다
숨어버린 잠을 찾아다니는 동안 동봉되어 오는 새벽
여명에 희석되는 어둠을 느끼며 가라앉은 눈꺼풀을 들어 올린다
내가 잃어버린 건지 잠이 떠나버린 건지
아침이 되어도 여전히 잠을 앓고 있다

고백
　　—나의 선생님께

넓은 세상 놔두고
키 작은 나에게만 내리던 비

비 그친 후에도
눈앞이
자꾸만 흐려지던 그 때

당신이 내민 햇살이
너무 따뜻해서

살고 싶어졌습니다

파도에 물들다

길을 많이 잃어버린 가슴에는
겨울도 빨리 찾아오는 법이어서
남들보다 먼저 맞이한 겨울을 품고
바닷가 모래톱에 선다

파도에 가장 먼저 쓰러지는 모래톱은
눈물을 보이지 않는다
거친 손길에도 웃으며 파도에 안길 수 있는 여유는
어디에서 오는 걸까

얼어버린 가슴을 깨고 배낭을 연다
속을 뒹굴던 돌멩이 쏟아 붓고
파도가 하는 빗질을 본다

세상 모든 길을 열람할 수 있는 바다는
이 정도 쯤이야 별 거 아니라는 듯
한 손으로 가볍게 빗질을 한다
조금씩 각이 사라지는 돌들
언 가슴이 녹는다

〉
파도가 바다의 일부이듯
돌멩이가 나의 일부란 걸 이제 알겠다
배낭에 다시 돌을 담고
각이 사라진 자리는 파도소리로 채운다
아직 쓸어내야 할 내가 남아 있을 것 같아서

가을 산책

가을에 내리는 비는 겨울로 가는 계단이다
밤을 유영하며 또 하나의 층계를 만든 비가
햇살 뒤로 숨어버린 아침
겨울로 드리운 계단을 따라
시린 가슴 데우며 나선 산책길
집 앞 은행나무 밤새 발아래 노란 우물을 파 놓았다
비에 젖어 짙어진 가을의 기억이 우물에 떠돌며
스쳐 지나려던 발걸음을 붙든다
당신은 어떤 우물을 가졌는지 물어오는 은행나무
답을 얻으려고 지나온 발자국에 떨어진 물빛을 찾아
고개 숙여 걸어 보아도 우물이 보이지 않는다
부끄러워 고개 들지 못하고 머뭇거리는 눈길 속으로
나무에 느슨히 박혀 있던 별들이 떨어져
우물에 내려앉는다
그 별 하나 두레박으로 퍼 올리면
겨울이 닿기 전에 나도 우물을 가질 수 있을까
한 가슴이라도 잠기는 그런

아버지

홀로
화구 속으로 밀어 넣은 이후
입술에 담으면
눈물부터 데려오는 이름
그래서 언제나
가슴으로만 내뱉는
그 흔한 말

슬픔 처방법

 눈물이 나도록 꾸중을 들은 직후인데 금세 "엄마, 나 배고파" 갓 지은 쌀밥 같은 얼굴로 말하는 아이가 먼지 앉은 그날의 기억을 끄집어냅니다

 그날 수업 중이던 교실문을 열어 내 이름을 부르고 책가방을 챙겨서 나오라는 담임선생님의 목소리에는 먹구름이 드리워져 있었고 열일곱 나는 가방을 챙겨 나가면서 이유를 듣지 않고도 구름 속에서 비를 뽑아 눈에 흐르게 하는 마술을 부렸습니다 이미 젖어 복도로 나온 내게 선생님이 전한 말씀은 "아버지가 돌아가셨대" 장례는 집에서 치러졌습니다 비좁은 집이 친척들과 조문객으로 더 작아졌고 물 한 모금 마시지 않고 겨우 버티고 있는 엄마 얼굴은 자작나무 껍질처럼 하얗게 벗겨지고 있었습니다 나는 감기 힘들만큼 부은 눈을 겨우 끔뻑이며 작은방에 쓰러지듯 앉아 있었습니다 저녁시간이 되자 배에서 익숙한 신호를 보내왔습니다 나는 아빠를 잃은 지 다섯 시간 밖에 안됐고 온몸은 슬픔으로 가득 차 빈자리가 없는데 눈치 없이 배는 소리를 내며 어서 채우라고 외쳤습니다 엄마와 동생들 잘 보살피려면 너

라도 정신 차려야 한다며 고모들이 차려주는 밥상에 동생들과 둘러앉아 밥을 먹었습니다 이제 다시는 퇴근시간이 되어도 아빠는 집으로 돌아오지 않을 텐데 배고픔이 슬픔을 이기고 잃어버린 아빠의 자리보다 허기진 배의 자리가 더 커서 나는 살겠다고 밥을 먹고 있는 철없는 모습이 싫어서 울었습니다 밥이 모래알 같지 않아서 울었습니다 다음날도 그 다음날도 때가 되면 밀린 월세 받으러 오듯이 배고픔은 찾아왔고 오열하다가 실신했다가도 나는 밥을 먹었습니다 아주 잘

 밥을 차립니다 살면서 겪은 제일 깊은 첫 슬픔 앞에서도 밥을 잘 먹던 나였으니까 배부르게 잔소리를 먹고 눈동자가 빨개져서도 돌아서 배가 고프다는 아이에게 나는 세상에서 가장 쉬운 슬픔 처방법을 한 상 가득 차려줍니다

이름을 벗다

나는 길보다 많은 이름을 가졌어요
어떤 날은 이름만 들어도 배가 불렀죠
너무 큰 이름을 입고 헐렁거리다 넘어진 적 있구요
뜯긴 이름을 꿰매다 다시 뜯어낸 적도 있어요
몸을 짓누르는 이름을 한 꺼풀씩 벗겨내요
이름과 이름 사이 언젠가 떨어진 별 하나 잠들어 있어요
이름인 줄 알고 벗었는데 낯선 가면이
나를 다 안다는 눈빛으로 쳐다봐요
가면을 버리고 새로운 이름을 찾는 건 죄가 될까요
차가운 이름을 벗고 따뜻한 밥 한 공기 같은 이름을 입고 싶다 말하려다
채우지 못한 이름이 목에 걸려 조용히 삼켰어요
나는 이름보다 많은 길을 가졌어요

from. 당신의 사람

그늘진 뒤란에
외발로 서 있던 내게
한아름으로도 모자란
흔들리지 않는
다리를 내어준 사람

내가 피운 꽃의 절반은
당신 몫

나에게 가는 길

 봄볕에 이끌려 나간 집 앞 놀이터에서 종종 길을 잃었다
 목련이 등불 켜고 웃어 주었지만
 어디로 가야 하는지 눈을 떠도 보이지 않는 길
 겁이 많은 나는 살랑바람에도 쉽게 흔들렸고
 비가 내리면 흠뻑 젖고 나서야 우산 속에 숨어들었다

 나를 만나기 위해 나를 기다렸다
 핑계에 저당 잡힌 발자국이 잠을 청할 때
 길은 더 길어지고 나는 짧아졌다
 주저앉아 시간을 죽이는 법을 누구보다 잘 알게 되었다

 나를 들추면 부화되지 않은 별이 달아날까
 새벽을 불러낸 목련은 말없이 등을 닦았다
 목련이 선물해 준 봄 한 칸 놓여진 길
 선명한 이정표에 심장 소리가 빨라졌다

 기다린다고 만날 수 있는 내가 아니었다
 견고한 꽃잎처럼 허물어졌다 복원되길 반복하며 길을

가야했다
　얼룩진 옷을 벗어 던지고 길 위에 섰다

　나에게 가는 길
　세상에서 가장 가깝고도 먼 비탈이다

□해설

낮은 도시를 포옹하는 바다

강영환(시인)

 시는 시인이 느끼고 생각하는 세상에 대한 해석을 일정한 형식에 담아 독자에게 제공하고 공감을 얻는데 존재 이유가 있다. 독자들이 시에 접근하는 방식은 다양하겠지만 우선은 두 가지 방식이 눈에 뜔 것이다. 그것은 묘사와 진술이라는 부분이다. 묘사는 표현 방식이며 시의 *그릇*에 해당되고 진술은 시에 담는 의미로 주제라 부를 수 있다. 이 두 가지 측면의 조화를 통해 독자들의 마음을 붙들지 못하면 좋은 시로 분류되기 어렵다. 최난경의 시를 읽으면 이 두가지가 다 낯설어서 독자들의 호기심을 충족시키기에 충분하다고 느껴진다. 최난경의 시는 도시 서정시로 분류될 수 있으며 이는 도시 서민들 속에서 찾아낸 그들의 시련과 도전 그리고 끝나지 않는 생에 대한 깊은 애착과 사랑을 따뜻한 시선으로 이끌어내는 젊은 감성의 섬세한 모습을 보여준다.
 2015년《문예운동》으로 등단하여 경남작가회 회원으

로 활발한 활동을 하고 있는 최난경 시인의 이번 작품집에서 가장 먼저 눈에 띄는 작품으로 「**병원일기**」 연작이 있다. 이 연작 시 6편은 폐암 투병을 하는 시아버지가 섬망 증상이 심해지고 병시중을 드는 며느리의 어려움과 병상에 누워있는 환자의 틀니를 닦아주며 느낀 시간들의 이력을 들추어 내며, 항암 치료를 받는 시아버지의 힘들고 어려운 투병 생활을 지켜보는 며느리의 안쓰러움을 그려냈다. 병원일기 연작에서 보여 주는 따뜻하고 낮은 시선이 바로 우리 사회의 나약하고 힘든 이들의 삶을 되돌아보게 된 것은 아닐까 추측해 본다. 시아버지에 대한 간호를 통해 드러나는 헌신과 삶에 대한 외경심은 최난경의 작품들이 지향하고 있는 바를 잘 드러내 주고 있다. 작품의 도처에 삶에 대한 끈질긴 애착과 포기하지 않는 도전을 담고 있다. 힘든 투병생활을 지탱하는 힘의 근원도 바로 병원일기가 이어가고 있는 배려와 사랑 때문이라는 느낌을 물릴 수가 없다. 많은 이웃들의 어려움과 그들이 짊어지고 있는 고난이 생활 도처에서 읽힌다.

시인이 어릴 적 경험했던 어려움들이 그들의 삶과 겹쳐 보이면서 그들에 대한 동병상린의 눈을 뗄 수가 없다. 힘들고 어렵더라도 삶은 포기할 수 없는 것이고 이를 극복하는 힘의 원천, 삶을 대처하는 에너지로 최난경 시인이 가슴에 품고 있는 바다가 아닌가한다. 난관이 많은 삶에서 시인은 바다를 발견한다. 바다는 바다에 사는 바다가 아닌 사람들 가슴에 살고 있다고 느끼는 바다다. 그것은 자신을 돌아보았을 때 그렇게 느끼기 때문에 사람들도 자신과 같다고 느끼는 발상이다.

사람의 가슴엔 바다가 산다

눈물이 짠 이유
그 사람 마음속 깊이를 알 수 없는 이유
부딪히면 푸른 멍이 드는 이유
가끔 허우적거리는 이유
기대어 울고 싶은 이유
문득 그리워지는 이유
그 이유

너와 나
가슴 속엔
언제나
바다가 산다

―「그래서 그렇다」 전문

  가슴에 바다가 산다는 의미에서 느낄 수 있는 제한적인 사람은 시적 화자가 만나는 사람들에 국한될 수도 있고 화자가 꿈꾸는 이상일 수도 있다. 바다가 지닌 모습으로 눈물이 짜고, 깊이도 알 수 없고, 푸른 멍이 들어 있고, 허우적거릴 때도 있지만 그러나 기대어 울고 싶은 까닭이고 가장 큰 이유로는 문득 그리워지는 이유이기도 하다. 자신의 모습에서 발견한 바다를 너의 모습에서도 발견한다. 그런 뒤 모든 이의 모습으로 일반

화시켜 바다가 삶을 지배하는 아젠다로 자리매김한다.
 바다는 가장 낮은 지표에 물이 모여 이룬 곳이다. 낮은 곳에 모여든 물이 거대한 모습으로 출렁이는 생을 잠시도 멈추지 않는다. 늘 출렁이는 생, 최난경 시인이 꿈꾸는 세상일지도 모른다. 늘 살아 출렁이는 모습이 끊임없이 부딪히면서 살아가는 인간의 모습과 닮았다. 아무리 퍼내도 마르지 않는 열정을 지니고 있고, 늘 낮은 자세를 견지하지만 어떨 때는 폭군과 같은 패악질을 부릴 때도 있다. 어쩌면 바다는 눈물 많은 여인의 모습이다. 제 자리를 지키며 뭍을 향해 끊임없이 몰려 오며 살아있음을 증명한다. 어떤 비유로도 바다의 모습을 다 표현해낼 수 없다. 천의 얼굴로도 말해질 수 없다. 그렇게 다양한 성격과 모습을 지닌 바다를 가슴에 안고 사는 인간을 그려보고 싶은 것이 최난경 시인의 마음일 것이다.
 이 밖에도 바다에 관한 시는 여럿이다. 맹골수도에 잠들어 있는 세월호 희생자들 중에서 아직 수습되지 않은 5인을 나비에 비유하여 아직 치유되지 않은 아픔을 보여 준다.(「**바다로 간 나비**」) 동백섬에서 지는 꽃을 보며 느끼는 꽃과 바다와의 인연을 담은 (「**동백꽃**」), 밤이 되면 불빛을 켜고 길 잃은 배와 놀기 바쁜 아이들을 불러들이는 엄마를 비교하여 잠을 잃고 서있는 엄마 모습을 읽는다.(「**등대**」), 바다의 혀로 비유된 파도가 잊혀진 섬들을 위무하기 위해 달려와 섬을 핥아주는 행위를 우주를 핥는 것으로 확장시킨다.(「**파도**」) 길을 잃었을 때 바닷가에 가서 끝없이 몰려와 부딪히고 부서져 가는 파도에게서 새로운 길도 읽어낸다(「**파도에 물들다**」) 바다가 지닌 무한대성으로 어렵고 힘든 삶을 벗어나고자 꿈꾸고 있는 세상이 최난경의 시작품들이다.

  한 사람이 지나가는 소리
  들어도 들어도 익숙해지지 않는 소리
  병원에서 맹골수도에서 지하철에서 건설현장에서
  누군가 지나간 자리
  아물지 않은 자리에서 아무렇지 않게 숨 쉬며
  나 또한 지나가는 중이다

—「지나가는 사람」 부분

  우리는 연극을 볼 때 '행인 1', '행인 2'로 분류되는 출연자들을 만날 때가 있다. 이들은 연극에서 주요한 인물은 아니기에 관객들은 그 존재가치를 잘 느끼지 못하고 지나칠 때가 많다. 그러나 행인 1이나 2는 연극에서는 없어서는 안 될 중요한 소품과 같은 등장인물이다. 주인공의 행위에 필연성을 부여하기 위해 꼭 필요한 존재다. '지나가는 사람'은 극의 효과를 극대화하기 위해서 연출자가 의도적으로 삽입한 소모품일 수 있다. 이 작품은 병원 복도에서 우연히 만난 사람에 대한 이야기이다. 우리 삶은 병원 복도를 지나 죽음을 향해가는 지나가는 사람일 뿐이라는 극적인 인식을 드러낸다.

힘없이 내게 걸어와
범람하는 슬픔을 참지 못해 들썩이던
어느 가장의 어깨를 보았던 밤
이유를 묻지는 않았다
그저 말없이 기댈 가슴만 내어주었을 뿐

긴 시간은 아니었다
제 가슴을 찌르던 유리 파편들을 몇 줌 떨어뜨리고
다시 어둠 속으로 걸어간 남자
괜찮다 괜찮다 주문을 외며
깨물면 아픈 손가락들이 있는 그곳으로

나도 가끔은 홀로 어둠을 지켜내야 하는
삶의 무게가 힘겨워 속으로 운다
흐느끼던 그가 내 그림자인 듯 아파서
떨어뜨리고 간 파편들을 껴안고
밤새 또 그렇게 울었다

별들이 윤슬처럼 빛나던 밤이었으나
외발로 위태롭게 서서 울고 있던 나를
아무도 눈치채지 못한 까만 밤이 지나고
어느새 푸른 새벽
지난밤 서글펐던 조우를 알 리 없는 청소부는
내가 서 있는 자리를 무심히 쓸고 지나간다

그와 내가 흘린 눈물을 담아간다

　　　　　　　　　　—「어느 가로등의 일기」 전문

　최난경 시인의 세계인식은 어렵고 고난이 많은 삶에서 출발한다. 무겁게 짓누르는 삶이 무거워 눈물을 떨구던 가장의 모습을 지켜본 골목의 가로등이 자신도 힘겨워 눈물을 흘리던 때가 있고 청소부는 아침에 눈물을 쓰레받기에 담아 간다. 최난경 시인이 가까이 하는 사람들은 아픔을 안고 있는 사람들이거나, 고난을 겪고 있는 이웃이거나, 생활이 궁핍하여 늘 어려움에 처하는 이들이다. 이들은 우리 사회의 가장 낮은 곳에 모여 있는 물과 같은 존재들이다. 그들의 아픔과 함께하고 상처를 치유해 주고 고통을 나누어 갖고자 한다. 이런 마음들이 쌓여 시인은 바다를 가슴에 담고 살게 된 것은 아닐까. 그 바다의 출발점은 가정을 이루고부터 곁에 한 사람을 두게 되면서 공동체 삶에 눈을 뜨게 된 것으로 보인다.

　현관에 놓인 빛바랜 검은 구두
　처음 만났을 때
　발에 맞지 않아 뒤꿈치 까이며 신었지만
　서로가 서로에게 길들여졌을 때 우리는
　비포장 길도 무섭지 않았다
　꽃길이었다가 비가 스며들었다가

앞만 보고 걷다 돌부리에 걸린 날
땀내 나는 웃음으로 걸어
함께 써 내려온 일기장
닳아버린 뒤축만큼 둥글게 채워져
헤지고 주름져도 버릴 수 없는
낡은 구두

—「부부」 전문

　신발은 발을 보호해 주고 길을 갈 때 늘 함께한다. 신발과 같이 늘 곁에 있어 주며 나를 보호해 주고 함께 길을 가는 사람이 있다. 그는 함께 일기장을 써온 삶의 내용을 공유하는 배우자이다. 낡고 헤져도 버릴 수 없는 신발처럼 서로에게 길들여져 있어 험난한 길이나 어떤 어려움에 봉착해도 함께 헤쳐 나올 수 있었던 동반자다. 부부생활은 새로 산 구두에서 출발하여 뒷꿈치 닳으면서 힘들어도 걸었고 주름져도 버릴 수 없게 되는 신발처럼 그런 것이다.

　난관을 헤치고 도전하는 마음을 드러내는(「담쟁이」) 지나온 삶에서 겪어야 했던 상처들이 매듭지고 그 매듭이 하늘에 별로 떠서 내 길을 멈칫거리게 한다(「매듭」) 층간 소음을 아이의 성장 과정에서 만나는 시련쯤으로 여기고 아이에게 희망과 용기를 심어주는 의미를 담고 있는 층간 소음에 대한 새로운 시각을 제공한다(「바닥」) 어렵고 힘들게 살아가거나 어려움을 견디며 존재하는 아픔을 짚어낸다.(「외로운 풍경화」) 함께 했던 지난날의 어려움을 견뎌 냈지만 지금은 연락이 끊어지고 스쳐 지나간 인연이 되었지만 과거를 떠올릴 수 있다는 것만으로 봄날과 같은 따뜻한 풍경이 된다(「시절인연」) 셋집만을 맴돌던 여인이 새집을 분양받고 공사 중인 그 집으로 매일 찾아가서 높이 올라가는 집을 확인해 본다. '크레인이 스케치 중인 집'이라는 가슴 부푼 희망을 담아낸다.(「집으로 가는 길」) 코로나 펜데믹으로 겪어야 했던 우울한 날의 아픔과 격리 속에서의 힘든 극복(「코로나 19, 그리고 우리는」) 은행 대출을 받아 집을 분양받고 할부금을 넣는 셀러리맨의 퇴근길 지친 모습을 그려낸다.(「퇴근길」) 폐병으로 입원한 환자의 X레이를 보며 흐렸다 맑았다하는 기상도를 읽는 것에 비유한다.(「X-레이를 보며」) 혼자 기거하는 방에서 어머니가 보내야 하는 일상의 모습(「독거」), 젖은 시장 바닥에서 기어다니는 장애인의 모습을 달팽이에 비유하여 그 장애인이 고래가 되어 떠나는 꿈을 꾸게 된다.(「달팽이」) 할매국밥집에 모여 밥을 먹는 건설노동자들의 신발과 그들의 일상을 그려낸다.(「가장 낮은 포옹」) 세상에서 가장 낮은 일터, 갱도에서 탄을 캐던 광부의 일과와 삶을 그렸다.(「광부」) 콜센터 여성 근로자는 자신을 마네킹에 비유하여 삶을 되새겨 본다. (「마네킹」) 어릴 적 학교에 다니지 못해 글을 깨우치지 못한 노인이 뒤늦게 문해교실에 다니며 글을 깨우치고 글을 읽게 되었을 때 북받히는 감정을 세밀하게 그려냈다.(「빛을 건지다」) 수

단의 어린 소녀 아리안이 먼 길을 걸어 먹을 물을 뜨러 가는 길에 만나는 어려움과 아픔을 품어 준다.(「**여덟살 아리안**」) 고층 빌딩 유리창을 닦는 청소부의 애환을 따뜻한 시선으로 풀어낸다.(「**하늘 청소부**」)에서처럼 하나같이 어려움이 내재되어 있는 삶을 따뜻한 시선으로 바라보는 작품들이다.

  베란다 비닐봉지 속에서 손길 기다리던 감자 한 알
  가부좌 틀고 앉아 뿔을 내민다
  검은 대합실에서 썩지 않고 스스로를 지켜낸 단단한 근육
  홀로 이겨낸 어둠의 길이만큼 자라난 뿔을 도려내고
  껍질을 벗기자 뽀얀 얼굴로 바라본다
  깊이 패인 상처를 안고도 눈물 한줄기 흘리지 않는 의연한 속내
  터널을 통과한 아픈 시간과 눈이 마주친다
  방치한 마음은 뿔이 되던가
  알면서도 모르는 척 외면한 마음들에 맺힌 뿔이
  어디선가 자라는 소리 들린다

—「**뿔난 감자**」 전문

감자는 왜 뿔이 났을까? 생각해 보면 감자는 손길 닿지 않는 한쪽 구석으로 밀쳐져 소외당해 왔다. 감자는 생존을 위해 싹을 틔워 새로운 삶을 준비하고 있었지만 시적 화자의 눈에는 자신을 버린 세상을 향하여 뿔을

솟구쳤다고 인식한 것이다. 싹과 뿔은 상반되는 의미를 지녔다. 베란다에 검은 비닐봉지 안에 둔 감자는 외면해 살았다. 감자가 싹을 피워 스스로 생명을 지켜내고 외면하는 마음들을 향해 뿔을 돋운다. 그것처럼 자신의 주변에서 자꾸 뿔이 자라고 있음을 느낀다.

최난경 시인은 이처럼 현대 사회에 대한 비판적 해석을 드러내는 작품들도 다수가 있어 공동체 삶의 아름다움을 위해 한 목소리를 던질 줄 아는 시인인 것이다. 그들 작품들은 문명의 이기에 대한 재해석을 통해 이해와 비판을 곁들인다. 이는 대상에 대한 새로운 인식에서 다른 의미와 이미지를 선사한다. 종일 스마트 폰에 빠져 사는 모습을 그려 내면에 잠재된 인간의 본질을 찾아 나선다.(「스마트 폰과의 동거」) 현대인의 필수품이 된 이어폰에 대한 새로운 이미지다. '볼륨을 높이면 완벽한 섬이 된다'든가 하는 날카로운 관찰을 담기도 한다.(「이어폰」) 책은 탑이 되어 서있고 발효된 시간을 안고 있다. 그것은 과거와 연결된 통로이며 만나고 싶은 이들과 만나는 공간이다. 그런 책들이 숨 쉬고 있는 책방골목의 어제와 오늘의 변화된 모습을 그려낸다.(「보수동 책방골목」) 싱크홀은 무분별한 도시개발이 불어온 괴물이다. 괴물이 행동을 개시하면 길도 도시도 순식간에 괴물의 밥이 된다.(「싱크홀」) 돋보이는 하나의 얼굴을 위해 진실이 담긴 얼굴들을 지워가는 세태를 풍자한(「삭제된 얼굴」) 비만증에 걸린 우체통은 늘 비어있고 편지를 쓰지 않는 현대인들의 생활을 우회적으로 비판

하고 있다. 그래서 우체통은 자신의 살을 빼서 사람들의 부끄러운 마음을 덜어주고 싶다고 한다.(「성형외과에 간 우체통」) 진료실 의사는 환자를 대할 때마다 환자도 바라보지 않고 앵무새처럼 같은 말을 반복한다. 의사는 너무 사무적이어서 생각 없이 토해내는 말이 앵무새가 내뱉는 말이다.(「앵무새를 읽다」) 우리 사회의 단절과 소외의 모습을 꼬집고 있다.

그러나 최난경은 불합리한 문명비판이나 낮고 소외된 사람들에 대한 아픔을 바라보기만 하는 것은 아니다. 그의 시선 속에 따스함이 묻어나오는 작품들도 있어 시인의 따뜻한 심성을 가늠해 볼 수 있는 척도가 된다.

마루에 앉아 햇살 먹는 구순 노모가
정물화로 놓여 있던 집
인기척 없는 하루가 길어질 때
대청 서까래 아래 미동도 없이 매달린 무청시래기
옹이 박힌 손길 기다리며
열리지 않는 방문만 바라보다 잠이 든다
달빛에도 자라던 어린 발자국이 새겨진 댓돌 위
서리 맞은 털고무신 흑백사진으로 바래고
허리 굽은 그림자 따라 꼬리 흔들던 길고양이
빈 밥그릇 옆에 홀로 늙어간다
기다려도 노모는 오지 않고
길 잃은 바람만 들렀다 가는 빈,
별이 된 집

―「폐선역」 전문

　위 시는 구순 노모가 앉아 해바라기로 일상을 보내던 고가에서 노모 떠난 뒤에 길고양이가 빈 밥그릇 곁에서 늙어가는 데도 밥을 줄 노모는 오지 않고 다들 떠난 빈집은 별이 된다. 「망백탑」에서는 구순 노모가 보낸 영욕의 세월을 기록한다. 「가을 돌솥밥 만들기」란 작품에서는 돌솥밥을 만드는 재료가 특이하다. 구름, 하늘, 바람이다. 가열하는 온기도 첫사랑의 뜨거운 눈빛이다. 낭만주의적인 사고이다. 따뜻한 세상 읽기를 거치면서 외부로 향했던 시선은 종내에는 자신에게로 향한다.

　아이를 키우며 한 번씩 만나게 되는
　거울 속 또 다른 나
　마음을 어지럽힌 이중주는
　떨치지 못한 아청빛 아픔을 만나고 오면
　다시 미소 스민 물결이 된다
　그렇게 읽혀지고 채워지는
　놓쳐버린 나의 행간

―「어둠을 만지다」 부분

　생활 속에서 느끼는 나의 모습은 가시투성이 어린이였다. 그늘진 얼굴에 읽어야 할 상처가 많은 거울 속 나를 끌어안고 어둠을 어루만진다. 봄으로 가는 몸이 조금씩 피어나는 모습을 본다. 아이를 키우면서 나를 만나는 방식이다.

자신 곁을 지나가는 시간의 덧없음을 '새'로 읽혀지는 순간을 포착한다.(「어느 새」) '어느새'와 '어느 새'의 발음의 유사성을 통해 순간적인 시간의 모습을 새의 의미로 형상화해내는 재치를 보여 준다. 아울러 구식 결혼을 올렸던 엄마에게 웨딩드레스를 입혀주고 변모 속에 새로 피어나 기뻐하는 엄마의 모습(「웨딩드레스」) 칼이 지닌 아픔은 무디어진 날이 갈려지는 일이다. 칼에게 날을 세워 주는 일은 고문이라는 의미를 담는다(「칼」) 사과씨 수박씨처럼 사람을 부를 때 누구 누구씨라고 부르는 것을 개개인이 씨앗이라고 생각해서 사람도 저마다의 열매를 맺는 씨앗에 비유해서 지은 시 (「씨앗」), 봄이 와서 외출하였을 때 아직 겨울이 남아 있고 그 가운데 봄기운에 젖어 있는 나는 스러져도 상관없다는 마음을 품는다. 이미 자신이 봄이 되어 있음이다.(「철쭉의 외출」) 시인의 따뜻하고 긍정적인 에너지는 자신의 삶으로 귀환한다. 이것은 자연스러운 귀결이라 보여진다.

사람을 쉽게 정의하는 친구가 있어
그는 나를 벽이라고 말하지만 나는 벽 너머 숲이야
함께 기워낸 실이 노란색이어서
노랗고 누렇고 노르스름하다는 정도로 생각하겠지만
그는 모르지 빨강인 나와 검고 하얀 나를

나는 그가 알고 있는 선과 면이 아니야
못 자국이 되었다가 벽에 몸을 통째로 걸어두기도 해
기둥은 매듭져 있고 바닥은 아치형이야
왜 말이 없냐고 하지만
나는 수없이 질문을 던지는 사람
밖이 아닌 안으로

지상 1층에서 만난 그는
지하 5층에 와 있는 나를 몰라
죽는 날까지 준공식은 하지 않을 거야
계속 깎아 내는 중이거든
고온 화상을 입고 저온에도 화상을 입어
그래도 밥알은 숨 쉬고
떨어진 밥풀 하나 짓눌러
종이를 붙이면 견고한 다짐이 되지
그가 보지 못했다고 해서
죽은 날벌레가 먼지인 건 아니잖아
나는 당연하지 않아
내 그림자와 다르니까
나는 그가 정의할 수 없는 이름이야

—「착각」 전문

 사람을 정의하는 친구가 있어 쉽게 나를 정의하지만 나는 그 정의대로 굳어지는 것이 아니고 늘 변화한다.

그래서 친구는 아직 지상 1층에 있고 나는 지하 5층에 도달해 있다. 더 깊은 곳으로 나는 계속 파내려 간다. 그리고 내 공사에는 준공이 없다. 나는 친구가 정의할 수 없는 곳에 닿아있다. 이렇게 자신에 대한 탐구에 작품의 맥락이 닿아있다.

단칸방에서 살던 다섯 남매의 모습을 여러 재료를 넣어 만드는 김밥에 비유한다든가(「김밥」) 벚꽃이 지는 모습을 무대 위에 선 배우들의 모습에 비유한다. 자신의 역할을 다한 벚꽃이 퇴장하는 배우처럼(「벚꽃 지다」) 고등어를 냉동실에 얼려 두고 여러 요리를 통해 달려나가는 신세를 엮어냈다.(「고등어」) 여행길 차창에 달라붙어 따라오는 은행잎을 보고 수행하는 보살에 견주어 풀어낸다.(「노란 보살」) 구석진 곳을 닦아내기 보다는 광장같이 넓은 장소를 닦고 싶은 걸레는 얼룩이나 상처까지도 껴안고 싶은 것이다.(「걸레」) 잎이 물들어 나뭇가지를 떠나는 잎에 삶의 의미를 붙여주고 봄이 오면 다시 태어난다는 걸 잊지 않는다.(「겨울로 가는 떡갈나무」) 길에 떨어진 낙엽이 소멸되어 가는 과정에 비유한 나의 생사를 생각한다.(「낙엽의 보행」) 겨울산은 겨울이 되어서야 제소리를 듣는다는 인식을 바탕으로 쓴 시(「겨울산」), 종이의 속성을 심도있게 천착해 본 시(「종이의 성격」), 코로나로 격리된 일상에서 행동의 제약 때문에 나타난 일들을 되새겨보고 과거에 저질렀던 나의 행태에 반기를 든 것이라 여긴다.(「격리」) 가을에 찾은 극락암에서 느끼는 나의 존재(「극락암에서」), 연필을 깎는 법이 자신의 기도법이리라 생각하며 기도는 계속된다.(「기도법」)

 가면을 쓴 나비는 어린 시절이었고 가면을 벗고 비행하는 날이 되어서야 비로소 어른이 된다는 사실(「**가면 속에서**」), 은행나무가 물든 잎을 떨어내 땅에 떨어진 모습을 보고 노란 우물을 파놓았다고 표현하며 정작 내가 가진 우물은 있는가 되묻는다.(「**가을 산책**」) 단풍과 낙엽과 가을로부터 내 삶의 모습을 발견한다.(「**가을이 물었다**」) '사랑 한번 못해 보고 죽을 사람'이라는 자기 체면에 빠진 유명 배우의 말에 사랑을 찾고 알아가지만 그 여배우는 나이 들어서도 아직 혼자인 모습이 안쓰럽다.(「**가장 심한 욕**」) 12개월의 달력 낱장을 날개로 인식하고 날지 못함을 아쉬워한다. 12개의 날개가 다 떨어질 때까지(「**달력**」) 불면에 직면하여 잠에 들기 위해 다양한 시도를 해보지만 새벽이 될 때까지 잠들지 못하고 결국 새벽을 맞게 된다.(「**불면증**」) 자신의 궤도 위를 한 번도 벗어나지 못하고 달리는 기차에 비유해 길을 벗어나 보지 못하고 달려온 삶에 대한 반성을 담아낸다.(「**기차**」), 힘들고 어려울 때 햇살을 내밀어준 선생님의 따스함에 자신감을 얻게 된 일을 그린다.(「**고백**」) 아버지가 돌아가신 날에 배가 고파서 먹었던 밥에 대한 새로운 의미를 끌어낸다. 아버지를 잃은 슬픔보다 배고픔을 참지 못함에 대한 자책이 담겨있다.(「**슬픔 처방법**」) 이처럼 다양한 자기 인식 과정은 가슴에 담은 바다가 많은 사물과 사연들을 받아 들일 수 있기에 가능

한 모습이다. 부딪히고 극복하고 포용하면서 터득해온 자기 깨달음의 방법이다. 아래 작품에서 잘 드러난다.

 나는 길보다 많은 이름을 가졌어요
 어떤 날은 이름만 들어도 배가 불렀죠
 너무 큰 이름을 입고 헐렁거리다 넘어진 적 있구요
 뜯긴 이름을 꿰매다 다시 뜯어낸 적도 있어요
 몸을 짓누르는 이름을 한 꺼풀씩 벗겨내요
 이름과 이름 사이 언젠가 떨어진 별 하나 잠들어 있어요
 이름인 줄 알고 벗었는데 낯선 가면이
 나를 다 안다는 눈빛으로 쳐다봐요
 가면을 버리고 새로운 이름을 찾는 건 죄가 될까요
 차가운 이름을 벗고 따뜻한 밥 한 공기 같은 이름을 입고
싶다 말하려다
 채우지 못한 이름이 목에 걸려 조용히 삼켰어요
 나는 이름보다 많은 길을 가졌어요

—「이름을 벗다」 전문

 이름은 많은 용도로 다양하게 쓰여서 많은 길을 가지고 있다. 이름은 나를 지탱하기도 하지만 그 이름이 버거워질 때도 있다. 그때는 버거운 이름을 벗고 싶은 것이다. 이름은 나를 가두는 상자이기도 하고 나를 보호해 주는 보호망이 되기도 한다. 나는 그 이름이 마음에 들지 않아 그것을 벗겨내려고 한다. 가면인 줄 알고 벗

었는데 그 낯선 가면이 나를 내려다보고 있는 것이 아닌가. 무서운 얼굴을 벗어나고 싶어 새로운 이름을 짓고 싶다. 그렇게 하는 것이 죄가 될 것 같은데 나는 따뜻한 밥 한 공기 같은 그런 이름을 갖고 싶다. 그런 이름을 불러 보려다 목에 걸려도 조용히 삼키고 만다. 이름을 불러 보지 못하고 안으로 삼켜야 하는 이유가 이름보다 더 많은 길들이 내게 있기에 선택이 어려웠던 것이다. 자신이 누구인지를 인식하고 있는 작품이다.

 최난경의 시들은 낮은 곳에서 일어나는 파도다. 일상에서 느끼는 삶을 아프거나 고난을 떨치지 못한 힘듦이나 상처난 이들, 혹은 도움이 필요한 이들이 좌절하지 않고 헤쳐 나갈 수 있는 힘을 바다의 힘이라고 인식하는데서 출발한다. 사람들 가슴에 담고 있는 바다가 있어 어떠한 고난도 이겨낼 수 있다고 간파한 최난경 시인은 자신에게서도 출렁이는 바다를 발견한다. 그 바다에서 자신의 존재를 인식하고 따뜻한 밥 한 그릇과 같은 이름으로 살고 싶어 한다. 그것은 충분히 가능해 보인다. 폭넓은 세계 인식을 바탕으로 시의 지평을 확장시켜나가기를 기대해 보며 첫 시집의 상재를 축하한다.